Trudi Thali

Das VATERUNSER
als
Chakra-Meditation

Trudi Thali

Das VATERUNSER als Chakra-Meditation

Ein Schlüssel zur kosmischen Kraftquelle

Verlag Hermann Bauer
Freiburg im Breisgau

Die Deutsche Bibliothek – CIP-Einheitsaufnahme

Thali, Trudi:
Das Vaterunser als Chakra-Meditation : ein Schlüssel
zur kosmischen Kraftquelle / Trudi Thali. –
1. Aufl., 1.–8. Tsd. –
Freiburg im Breisgau : Bauer, 1992
    ISBN 3-7626-0452-5

Zitate mit freundlicher Genehmigung folgender Verlage:
Ansata Verlag (S. 17, 53, 55, 69, 91)
Verlag Bruno Martin (S. 26, 59, 72, 120, 121, 126)
Turm-Verlag (S. 48)
Wilhelm Heyne Verlag (S. 45)

1. Auflage 1992
ISBN 3-7626-0452-5
© 1992 by Verlag Hermann Bauer KG,
Freiburg im Breisgau.
Alle Rechte vorbehalten.
Satz: Fotosetzerei G. Scheydecker,
Freiburg im Breisgau.
Druck und Bindung: Ebner Ulm
Printed in Germany

Inhalt

Vorwort

Wie viele andere Menschen unserer materialistisch eingestellten Gesellschaft war auch ich auf der Suche nach seelischer Nahrung. Ich konnte sie in den traditionellen, dogmatischen Religionsvorstellungen nicht mehr finden. Zu viele Ungereimtheiten versperrten mir den Weg zu einer persönlichen, echten Gotteserfahrung.

Glücklicherweise flossen uns in den letzten Jahren enorm viele Informationen aus allen Teilen der Erde zu. Aus dem Wissensschatz der östlichen Mystik wurde dem Westen eine Bereicherung zuteil, die unser Verständnis für die subtilen Zusammenhänge mit neuer Kraft aufzuladen vermochte.

Was in buddhistischen Klöstern stets als Geheimnis aufbewahrt worden war, fand nun auf einmal den Weg zu uns. Dieses alte Wissen hat unsere Anschauungen auf verschiedenen Gebieten verfeinert und ganz neue Dimensionen eröffnet.

Insbesondere die Erfahrungen mit den feinstofflichen Körperenergien haben viel subtilere Therapieformen hervorgebracht, als im Westen bisher bekannt waren. So haben uns Akupunktur, Akupressur, Shiatsu, Jin Shin Do, Reiki, Polarity und ähnliche Therapien ganz neue Wege im Gesundheitswesen erschlossen. Dazu kommt die Behandlung mit Farben, mit Edelsteinen, mit Blütenessenzen, die alle auf der feinstofflichen Ebene wirken.

Der östliche Wissensschatz hat sich mit den westlichen Anschauungen vermischt; die enorme Bereicherung bewirkte, daß die seelische Ebene jetzt viel differenzierter, bewußter wahrgenommen wird. Durch meditative Erfahrungen wird diese Ebene zudem intuitiv erlebt.

Wohl gab es bei uns einige große Mystiker, die Zugang hatten zur höchsten Einheit und die uns Kostbarkeiten von göttlichen Erfahrungen hinterlassen haben. Nun scheint es fast so, daß breiten Schichten erlaubt sein wird, solche Erfahrungen zu machen. Das 21. Jahrhundert wird geprägt sein von tiefer Religiosität.

Aus dem östlichen Wissensschatz floß mir die Erkenntnis über die Chakras zu. Es sind dies die sieben Hauptkraftfelder, die den Körper mit der notwendigen Lebensenergie versorgen. Sie sind es, die das seelische Befinden auf unseren physischen Leib übermitteln, denn sie sind mit den wichtigsten Körperdrüsen verbunden.

Ich begann vor vielen Jahren, die Chakras wahrzunehmen und zu stimulieren. Doch fehlte mir das Wissen der Yogis. Intuitiv fing ich an, mein altvertrautes Gebet, das VATERUNSER, als Schutz in die Chakras hineinzubeten. Was sich mir dadurch nach und nach offenbarte, ist überwältigend. Es bewirkte in mir und in vielen Bereichen meines Lebens eine starke Transformation.

Obwohl ich lange Zeit nicht in der Lage war, über meine Erfahrungen zu sprechen, finde ich es wichtig, darüber zu schreiben. Sie bestärkten mich darin, daß meine Meditationsübungen mit dem VATERUNSER richtig und gut sind.

Nach einem Aufenthalt auf Lanzarote, der für mich auf heftige Art äußerst beglückend war, wurde ich kurze Zeit danach eines Nachts wie durch einen elektrischen Schlag geweckt. Ich hörte das Knistern von Strom. Dann hatte ich ein herrliches, sprühendes, weißes Licht in meinem Dritten Auge. Ich konnte die Augen schließen oder offen halten, es war da. Ich versicherte mich auch, daß ich tatsächlich wach war und nicht träumte. Das Licht war bewegt und hatte eine sehr schöne geometrische Anordnung.

Kurze Zeit danach wachte ich wieder nachts auf, diesmal durch einen Ton, der in meinem Kopf summte. Wieder hatte ich ein überwältigendes Licht in meinem Dritten Auge. In der Mitte war ein gleichschenkliges keltisches Kreuz. Es sprühte Lichtfunken von der Mitte heraus. Auch waren Buchstaben auf dem Kreuz – ich konnte sie leider nicht behalten, ich verstand sie auch nicht. Das Kreuz kam mir immer näher. Ich schaute lange und war überwältigt.

Ein drittes Mal erschien mir wieder nachts ein herrliches Mandala, wieder in schöner geometrischer Anordnung. Es kam näher und näher, bis ich Teil von ihm wurde und ganz in seine Mitte einging.

Ich empfand diese Erlebnisse als unerhörte Gnade. Ich dachte nur eines: Wenn das Gott ist, was ich hier geschaut habe, dann ist Gott geometrisch. Ich war damals sehr aufgewühlt, wußte nicht, mit wem ich über solche Erfahrungen sprechen konnte. Ich suchte in unzähligen Büchern nach ähnlichen Schilderungen. Die Antwort fand ich in der östlichen Mystik. Ich nehme heute an, daß es eine Kundalini-Erfahrung war.

Nach diesen Erlebnissen wußte ich, daß ich auf dem rechten Weg war. Ich betete innigst, daß Er mich zu Seinem Werkzeug machen möge. So begann ich, meine Erfahrungen, die Eingebungen, die mir in der VATERUNSER-Meditation zuflossen, aufzuschreiben.

Es war für mich eine bereichernde Erfahrung, feststellen zu dürfen, daß die Zeit herangereift ist, um Brücken zu schlagen zu anderen Weltreligionen. Wenn die kosmische Ebene eine Idee verbreiten will, geschieht dies oft an verschiedenen Orten gleichzeitig. Ich war während meiner Arbeit über das VATER-

UNSER immer wieder erstaunt darüber, daß es noch keine Literatur über das VATERUNSER im Zusammenhang mit den Chakras gab. Zur selben Zeit arbeitete aber unabhängig von mir, kaum fünfzig Kilometer entfernt, Pfarrer Arnold Bittlinger am selben Thema. Ich empfinde ihm gegenüber eine tiefe Dankbarkeit für seine aufgeschlossenen Darlegungen als Theologe über diese neue Form des Betens. Ich bin heute überzeugt, daß dadurch ganz große positive Kräfte entstehen und daß in jeder Seele die Kräfte und die Lichtenergien stark vermehrt werden. Nun muß ich dieses Wissen weitergeben. Lange habe ich mich innerlich gesträubt, fand allerlei Ausreden wie: »Warum gerade ich?« Meine innere Führung war aber nicht mehr zu verdrängen, sie mahnte mich immer stärker und zeigte sich mir auf wunderbarste Weise.

In meinen Bildern versuche ich immer wieder, meine Lichterfahrungen darzustellen. Ich möchte durch sie eine harmonische Ausstrahlung vermitteln und die aufbauenden Energien fördern. Es scheint mir not-wendig zu sein in einer Zeit, wo sich so viel Destruktives angesammelt hat. Schon eine einzige Kerze vermag jedoch einen dunklen Raum zu erhellen.

Helfen auch Sie, liebe Leserinnen und Leser, daß sich das Licht wieder ausbreitet und die Seelen der Menschen erhellt. Es braucht viele, viele Lichter, um das Schlimmste von uns abzuwenden.

Was ist Meditation?

Das Wort Meditation stammt aus der lateinischen Sprache. *Meditari* heißt übersetzt: nachsinnen. Wir verstehen darunter eine betrachtende Zuwendung zu unserem innersten Wesenskern, zum göttlichen Funken in uns. Es ist ein nach innen gerichtetes Sammeln.

Es ist völlig anders als das Nachdenken. Beim Nachdenken konzentrieren wir uns auf eine konkrete Begebenheit. Beim Meditieren wollen wir uns auf gar nichts konzentrieren; wir lassen die Gedanken fließen, lenken die Aufmerksamkeit auf einen kleinsten Punkt.

Das größte Hindernis, um zu den tiefsten Schichten unseres Seins zu finden, ist intellektuelles Denken. Dauernd werden wir von Gedanken überflutet. Mit unserem Intellekt können wir uns nur an den Polaritäten orientieren. Wir denken immer in der Zukunft oder im Vergangenen. Dies hindert uns, zum einzig Wahrhaften zu gelangen, zum Hier und Jetzt. Durch die Tiefe der Meditation können wir diesen Punkt, der das Wahre in uns ist, erleben. Durch längeres Anhalten des Gedankenflusses entsteht die Kontemplation.

Durch die Meditation erblühen im menschlichen Bewußtsein viele positive Eigenschaften. Es entsteht eine entspannte, gelassene Grundstimmung. Die Kreativität und Intuition wird gefördert. Das Bewußtsein wird gestärkt durch Selbsterkenntnis und Offenheit.

Im Zen-Buddhismus ist das Ziel der Versenkung das Erreichen eines unterschiedslosen Bewußtseins- und Empfindungszustandes. Es ist das Eintauchen ins Nichts, in die Leere oder in das ewige Tao. In der westlichen Mystik verstehen wir unter meditieren das Anstreben der Verbindung und Vereinigung mit dem Göttlichen in unserem tiefsten inneren Selbst.

Der Weg zur inneren Entfaltung öffnet sich nur durch regelmäßiges Üben. Jeden Tag, wenn möglich zur gleichen Zeit, setzt man sich hin und sucht in einer entspannten Körperhaltung die innere Ruhe zu erlangen.

Es ist eine Bereicherung, wenn man sich für diesen Zweck einen geeigneten, ruhigen Platz einrichtet. Ein sanftes Kerzenlicht, vielleicht auch wohlriechende Essenzen, eine schöne Blume und eine geeignete Sitzgelegenheit fördern die wohltuende Versenkung. Die Sitzgelegenheit soll die aufrechte Haltung der Wirbelsäule unterstützen. Am besten geeignet ist ein Meditationshocker, ein Kissen oder ein Stuhl ohne Lehne.

Es bieten sich im Alltagsleben viele andere Gelegenheiten, die sinnvoll in dieser Weise genutzt werden können. Wartezeiten jeglicher Art eignen sich vorzüglich zur inneren Versenkung. Zur Meditation wird jegliches Tun, gleich welcher Art, das von einer liebevollen Betrachtung in Verbindung zum allem innewohnenden Göttlichen ausgeübt wird.

Es gibt einen inneren und einen äußeren Weg, die uns beide hinführen zur seelischen Reifung. Der äußere Weg ist verbunden mit körperlicher Bewegung. Spaziergänge, Wandern, wie auch Sport jeglicher Art können getragen sein von einer liebevollen Konzentration und entfalten unsere Seelenkräfte.

Die Chakra-Meditation mit den heiligen Mantras des VATERUNSERS verlangt den inneren Weg, den Weg der Ruhe und Entspannung. Verbunden mit der körperlichen Entspannung entsteht eine Beruhigung des Denkens. Im meditativen Zustand sinken die Hirnfrequenzen in den Alpha-Zustand. Das normale Alltagsdenken geschieht im Beta-Zustand. Der Alpha-Zustand ist eine regenerierende Schwingungsebene. Die moderne Technik ermöglicht uns das Messen dieser Hirnströme. Das menschliche Gehirn besteht aus der rechten Yin- und der linken Yangseite. Die rechte, weibliche Seite ist Sitz des intuitiven, kreativen Denkens, der Gesamtschau. Es sind dies Eigenschaften wie: Beschützen, Bewahren, Begrenzen. Auch die Träume, die Gefühle sowie die Weisheit entstehen durch eine aktivierte rechte Gehirnhälfte.

Die linke, männliche Seite ist Sitz des rationellen, logischen Denkens. Der sprachliche Ausdruck, das hierarchische Einordnen, Mathematik und Expansion haben ihren Ursprung in der linken Hälfte. Wir leben in einer Zeit, in der dieser linken Seite viel mehr Aufmerksamkeit geschenkt wird als der rechten. Wen wundert es, daß die Mutter Erde, das weibliche Prinzip, dermaßen mit Füßen getreten worden ist, vor allem in diesem Jahrhundert. Das weibliche Prinzip der schützenden, kontrahierenden Eigenschaften wurde dem logischen, expansiven Prinzip untergeordnet.

Vergessen wir aber nicht, daß die Denkweise keineswegs an die äußeren Geschlechtsmerkmale gebunden ist. Es gibt viele Männer, die gerade durch die Meditation mit Weisheit und einer ganzheitlichen Sicht der Dinge erfüllt sind. Und es gibt Frauen, die sich dem logischen, rationellen Denken verpflichtet fühlen.

Nun haben die Messungen der Hirnströme gezeigt, daß in der Meditation die Frequenzen absinken; beide Hälften werden gleichgeschaltet, sie befruchten einander. Es entsteht eine ausgleichende, harmonisierende Schwingung.

Durch die tägliche Meditation erfahren wir diese Harmonie in uns selbst. Wir werden zentrierter und strahlen den inneren Reichtum in unsere Umgebung aus. Der innere Reichtum ist entstanden durch kosmisches Licht, das jede Pore unseres Wesens zum Leuchten bringt.

Durch das tägliche Üben sind wir immer mehr in der Lage, Momente der tiefen Ruhe zu erleben Am besten beobachtet man die Gedanken, die kommen, und bald lösen sie sich wieder auf. Mit der Zeit stellen sich im Dritten Auge wunderbare Farbvisionen ein. Das Betrachten solcher Visionen erleichtert das Ausschalten des inneren »Geplappers«, das Loslassen des Gedankenflusses, wesentlich.

Die gleiche beruhigende Wirkung haben Mandalas. Sie führen durch die Betrachtung zum innersten göttlichen Wesenskern. Sie sind ein wohltuendes Medium, um zur eigenen Seinsmitte zu gelangen.

Je öfter diese Zustände der Stille herbeigeführt werden, um so mehr erfüllt sich das ganze Wesen mit einer tiefen, unaussprechlichen Freude. Aus dieser entspannten Haltung heraus richten wir unsere Aufmerksamkeit auf die Chakras und beginnen unsere Anrufung an die höchste Quelle des Lichtes und der Liebe. Wir ziehen durch das Kraftgebet VATERUNSER kosmisches Licht in uns, das unser ganzes Energiesystem mit Lebenskraft erfüllt. Es ist eine Kraft, die Liebe verbreitet, die feinste kosmische Schwingungsebene, aus der alles geschaffen wurde und noch immer wird. Die Ebene des Himmlischen Vaters ist Einheit, Vater-Mutter-Gott, Quelle des reinsten Lichtes, das alle Gegensätze in sich vereint. Es ist das Tao, das Unbegreifliche. Diese Ebene, aus der alles entsteht, die durch alles wirkt, nennt Jesus *Vater im Himmel*.

Tao ist leer,
in seinem Wirken aber unerschöpflich.
Ein Abgrund, oh,
es zeigt sich als der Ursprung
der abertausend Wesen.

Es dämpft ihren Eifer,
löst ihre Wirren,
mildert ihr Glänzen
und eint sie ihrem Staube.

Tiefgründig, wie etwas Verborgenes.
Ich weiß nicht, woher es kommt.
Dem Himmel scheint es vorauszugehen.

Lao Tse[1]

Meditation und Mantra

Um überhaupt die Bedeutung eines Mantras verstehen zu können, müssen wir uns vor Augen halten, daß die ganze kosmische Schöpfung Schwingung ist. Es sind dies Schwingungen aus verschiedenen Frequenzen, hervorgehend aus der Einheit des göttlichen Lichtes.

Ich zitiere einen Ausschnitt aus einer Rede des großen deutschen Physikers Max Planck: »... und so sage ich Ihnen nach meinen Erforschungen des Atoms dieses: Es gibt keine Materie an sich. Alle Materie entsteht und besteht nur durch eine Kraft, welche die Atomteilchen in Schwingung bringt und sie zum winzigsten Sonnensystem des Atoms zusammenhält ... ich scheue mich nicht, diesen geheimnisvollen Schöpfer ebenso zu benennen, wie ihn alle Kulturvölker der Erde früherer Jahrtausende genannt haben: – *Gott*.«

»Am Anfang war das Wort – und das Wort war bei Gott.« Durch die Kraft des Wortes oder Klanges hat sich das Licht gebrochen, zersplittert und zerlegt in verschiedenste Schwingungsfrequenzen. Einige Frequenzen sind für unsere Sinnesorgane wahrnehmbar, gerade soviel, wie wir brauchen, um hier auf Erden überleben zu können.

Das Mantra ist ein Wort oder ein Satz, in dem die Schwingungskraft eines reinen Gedankens mitschwingt. Dieser reine Gedanke steht im Einklang mit dem göttlichen Ursprung. Es sind heilige Worte, die in engster Verbindung mit dem Göttlichen vibrieren.

In der östlichen Mystik betrachtet man die Silbe *Om* als reine Schwingungskraft. Es soll dies das Mantra sein, aus dem die Welt erschaffen wurde. Es ist tatsächlich ein vorzügliches Mantra, um die Verbindung mit dem innersten Selbst, dem Göttlichen, das in uns wohnt, herzustellen. Mit jedem Atemzug denken wir: Om – Om – Om. Die Ruhe wird sich alsbald einstellen.

Die sieben Sätze des kraftvollsten aller Gebete, des VATER-UNSERS, sind Mantras. Sie sind Ausdruck der großen kosmischen Gesetze auf allen Ebenen. Ihre Schwingungskraft läßt in uns ein Gefühl des Friedens und der Freude entstehen. In Verbindung mit den Chakras strömt Lebenskraft, Prana, als Nahrung für unsere Seele ein. Mantras erzeugen heilbringende Energiefelder. Lichtenergie wird aus der kosmischen Ebene angezogen. Eine Durchlichtung findet statt.

Wenn die Kraft des Klanges, der im Einklang mit dem göttlichen Urprinzip ist, eine Form annimmt, entsteht ein harmonisches, geometrisches Bild, ein Yantra oder Mandala. (Siehe Abb. 1) Wie schon erwähnt, läßt das Betrachten eines Yantras oder Mandalas in unseren tiefsten Schichten eine Schwingungsresonanz entstehen, die uns verbindet mit der göttlichen Kraft. Es können mit dieser Form von Kontemplation große Heilenergien geweckt werden. Das Wissen und die Feinfühligkeit für die inneren Zusammenhänge sind in unserer Zeit verlorengegangen. Wir finden in alten Schriften oder in Kirchen noch Symbole, die an die inneren Zusammenhänge erinnern.

Diese harmonischen, geometrischen Bilder stellen eine Verbindung her zwischen der kosmischen Ordnung und der inneren Seelenstruktur. Die göttliche Weltenschöpfung ist eine aufs feinste aufeinander abgestimmte Schwingung, die in den unsichtbaren feinstofflichen Ebenen wie in der sichtbaren materiellen Ebene wirkt. Yantras oder Mandalas zeigen die kosmischen Ordnungsprinzipien. Sie führen durch die Betrachtung zur Einheit, zur seelischen Ganzheit. Der Mensch ist mit Körper und Seele ein Ausdruck der großen kosmischen Ordnung. Yantras oder Mandalas sind als Kosmogramme oder als Psychogramme zu verstehen.

Historisches über das VATERUNSER

Mehrere jüdische Gebete aus Jesu Zeiten klingen ähnlich wie das VATERUNSER. Das Quaddischgebet und das Achtzehngebet haben große Ähnlichkeiten mit den Preisungen und Bitten, die an den Schöpfervater gerichtet werden. Jesus schaute sich bei der Komposition des VATERUNSERS im jüdischen Gebetsschatz um. Er formte aber das Traditionelle um und erschuf ein Gebet mit signifikanten Äußerungen, die ein Ausdruck seiner hochstehenden Spiritualität sind. Durch die Anrufung des Vaters gibt er Zeugnis für eine innere und äußere Herzlichkeit. Er verstand alle Menschen als Geschöpfe des Vaters, zu dem sie ein inniges, herzliches Verhältnis haben durften. Jesus war ein im jüdischen Gebetsleben verwurzelter Meister und Lehrer und übergab das VATERUNSER seinen Jüngern als Mustergebet.

Zur jüdischen Tradition gehört das Wissen von der Kabbala. Die zehn Wirkungskräfte Gottes werden bildhaft in der Form eines Baumes dargestellt. (Siehe Abb. 2) Diese verschiedenen Kräfte wirken im großen wie im kleinen. Der menschliche Körper ist Ausdruck dieser Gesetze, Ausdruck der kosmischen Ordnung, vom kleinsten Atom bis zu den Planetensystemen. In den uralten indischen, altgriechischen, alexandrinischen und christlichen Lehren bildet das »Wort« den Anfang aller Dinge. Die Kabbala schafft ein System, nach dem sich das weltschöpferische »Wort« verwirklicht. Eine ganz wesentliche Verbindung besteht zwischen dem »Vater«, einem urmännlichen, geistigen

Prinzip, und der »Mutter«, einem urweiblichen, naturbegründenden Prinzip. Die Kabbala bringt das weibliche Gotteselement besonders stark zur Betonung. Der Lebensbaum hat zehn Sephirot. Diese sind durch zweiundzwanzig Pfade miteinander verbunden. Sie entsprechen den zweiundzwanzig Buchstaben des hebräischen Alphabetes wie auch den zweiundzwanzig Großen Arkanen des Tarot. Es scheint mir wichtig, die Zusammenhänge aufzuzeigen, da das VATERUNSER aus einem umfassenden Wissensschatz stammt. Die Bedeutung der sieben Chakras läßt sich gut in diese kosmische Ordnung einfügen. Der Lebensbaum trägt eine Krone, die ins Unendliche reicht, und die Wurzeln sind das »Reich«, die Verbindung zur Erde hin.

Im offiziellen Neuen Testament verdanken wir die Überlieferung des wunderbaren Gebetes den Evangelisten Matthäus und Lukas. Es gibt aber noch viele andere alte Schriftstücke, die Beachtung verdienen. Erst in neuester Zeit wurden in den Qumranhöhlen, dreißig Kilometer von Jerusalem entfernt, viele alte Schriftrollen entdeckt. Sie stammen etwa aus der Zeit von Jesus.

Mich haben die Übersetzungen aus dem Aramäischen von E. B. Székely tief berührt. Aus den Beschreibungen der Lehren der Essener, deren Gemeinschaft Jesus offenbar angehörte, strahlt eine zutiefst ergreifende Spiritualität. In diesen Schriften kommt zum Ausdruck, wie sehr Jesus mit den Kräften der Natur, mit den Kräften der Engel und den heiligen Strömen der Naturgesetze vertraut war. Er nannte seine Jünger Söhne des Lichts. Er lehrte sie, im Einklang mit den Kräften der Mutter Erde, mit den Kräften des Himmlischen Vaters zu leben. Die ursprünglichen Manuskripte dieser Übersetzungen liegen zum Teil im Vatikan. Sie waren vorerst im Besitze nestorianischer Priester. Diese mußten vor den vorrückenden Horden des Dschingis Khan von Osten nach Westen fliehen und nahmen ihre alten Schriften und Ikonen mit. Es sind Texte aus dem dritten Jahrhundert nach Christus. Wie die Texte allerdings von Palästina ins innere Asien in die Hände dieser Priester kamen, können die Forscher noch nicht rekonstruieren.

Aus diesen Schriften geht hervor, wie Jesus im Kreise seiner Gemeinschaft lebte und wirkte. Er unterwies seine Jünger, wie sie mit den Wirkungsweisen der Engel umgehen sollten. Er lehrte sie, wie die wesentlichen Kräfte, der Himmlische Vater und die Erdenmutter, alles Lebendige hervorbringen. Geist und Körper werden aus ihnen geformt. Der Mensch ist eingewoben in diesen Energiefluß. Die Voraussetzung für ein langes Leben in Harmonie mit den kosmischen Gesetzen ist deren Beachtung im Alltagsleben. Das oberste Prinzip ist die Liebe. Alles, was gegen dieses Prinzip verstößt, schafft destruktive Kräfte. Die Liebe zu Gott und die Liebe zum Mitmenschen, zu allen Geschöpfen ist das oberste Gebot.

Ganz in diesem Sinne überlieferte uns Jesus das schönste Gebet, das VATERUNSER. Es war in seinem Sinne, daß die Menschen sich freuen an der Gesundheit, an der Vitalität und an einem langen Leben. Verborgen in diesem großen Gebet sind die kosmischen Gesetzmäßigkeiten, die im Makrokosmos wie im Mikrokosmos gleicherweise wirken.

Aus dem »Friedensevangelium der Essener«

»... Und eure Erdenmutter und euer Himmelsvater werden euch ihre Engel schicken, um euch zu lehren, zu lieben und zu dienen. Und ihre Engel werden die Gebote Gottes in euren Kopf schreiben, in euer Herz und in eure Hände, damit ihr die Gebote Gottes wißt, fühlt und tun könnt.

Und betet jeden Tag zu eurem Himmlischen Vater und eurer Erdenmutter, damit eure Seele vollkommen wird, so vollkommen wie der Heilige Geist des Vaters es ist, und daß eure Körper so vollkommen werden wie der Körper eurer Erdenmutter vollkommen ist. Denn wenn ihr die Gebote versteht, fühlt und ausführt, dann wird euch alles, um was ihr bittet von eurem Himmlischen Vater und der Erdenmutter gegeben werden. Denn die Weisheit, die Liebe und Macht Gottes sind über allem.

Betet darum auf diese Weise zu eurem Himmelsvater:
Unser Vater, der du bist im Himmel
geheiligt werde dein Name.
Dein Reich komme.
Dein Wille geschehe auf Erden wie im Himmel.
Gib uns heute unser tägliches Brot.
Und vergib uns unsere Schulden, wie wir unsern Schuldnern vergeben.
Und führe uns nicht in Versuchung, sondern erlöse uns von dem Bösen.
Denn dein ist das Reich, die Macht und die Herrlichkeit immerdar.
Amen.«[2]

Der ganzheitliche Mensch

Ich vergleiche den ganzheitlichen Menschen gerne mit einer brennenden Kerze. Der Docht, verankert im Kerzenwachs, ist wie der physische Körper, der aus der Erdenkraft hervorgeht. Die Flamme, die sich aus unterschiedlichen Farben zusammensetzt, macht die Kerze erst zum Lichtspender. Genauso wird der Mensch erst durch den feinstofflichen, unsichtbaren Lichtkörper zu einem lebendigen Wesen. Die brennende Kerze erzeugt Wärme. Auch wir erzeugen Wärme nur solange, wie der Geistkörper in und um uns wirkt. Die Flamme der Kerze braucht Sauerstoff, ohne ihn gibt es kein Licht. Auch wir sind abhängig von der Wirkungsweise der göttlichen Schöpferkraft, der feinsten Lichtkraft, die alles in Schwingung bringt, ohne die nichts wäre.

Dieser Vergleich soll dazu dienen, daß man sich die feinstofflichen Körper in und um den Menschen, die uns mit Lebenskraft versorgen, leichter vorstellen kann.

Ich beginne bei der äußersten Schicht: der Berührungsebene mit dem göttlichen Urgrund, der *Kausalebene*. Es ist die Ebene des Himmlischen Vaters, die All-Liebe, aus der unaufhörlich jegliche Lebenskraft strömt, feinste Lichtpartikel, bereit, alles Lebendige mit der Erdenkraft zu schaffen. Es ist die Quelle der unendlichen Liebe, aus der wir alle Lebenskraft erhalten.

Der *Mentalkörper,* der Träger der Gedankenenergien, ist in stetem Austausch mit der Kosmischen oder Kausalebene. Wir werden selbst zum Schöpfer durch die Gedankenkräfte. Sie erzeugen Felder, die sich nach und nach materialisieren. Bedenken wir, daß wir die stärkste Resonanz zur göttlichen Quelle bilden durch liebendes Denken. Alles, was gegen die Liebe ist, verschließt sich gegen diese Kraftquelle.

Ein steter Austausch findet statt nach innen und nach außen. Die Gedanken stimulieren unseren *Emotionalkörper*. Er ist der Träger der Gefühle. Wiederum sehen wir, welch wichtigen Stellenwert die Gedanken haben. Sie bilden die negativen oder positiven Gefühlsmuster. Positive Gedanken sind Träger von Lichtkraft und haben einen wohltuenden Einfluß auf die ganze Energieversorgung. Negative Gedanken verschließen uns gegen die Quelle der Lebenskraft, und es entstehen Blockaden in der Energieversorgung. Die Liebe ist die stärkste aufbauende Kraft.

Den am engsten mit unserem physischen Leib verwobenen feinstofflichen Körper nennt man den *ätherischen Leib*. Er ist wie ein Double des Körpers, strahlt aber ein helles Licht ab, das ein paar Zentimeter über den Körper hinausreicht. Wie der physische Körper über Blutgefäße verfügt, hat diese Ebene ein Verteilernetz, das unseren Körper ganz durchzieht. Es sind die Meridiane und Nadis, die den Körper mit Lebenskraft versorgen. Durch viele Therapieformen ist es nun möglich, diese Bahnen oder wichtigen Punkte zu stimulieren, um die blockierte Lebenskraft wieder ins Fließen zu bringen.

Die homöopathischen Heilmittel wirken auf dieser Ebene, ebenso Blütenessenzen, Duftessenzen, Edelsteine und ähnliches.

Wo findet nun eigentlich die Somatisierung der Gefühle statt? Wir wissen, daß der Körper ganz subtil auf unsere Gefühle reagiert. Dies geschieht über die *Chakras*. Sie haben eine ganz zentrale Stellung in der Energieversorgung des Körpers. Sie bilden die Schaltstellen, von denen aus die Lebenskraft verteilt wird.

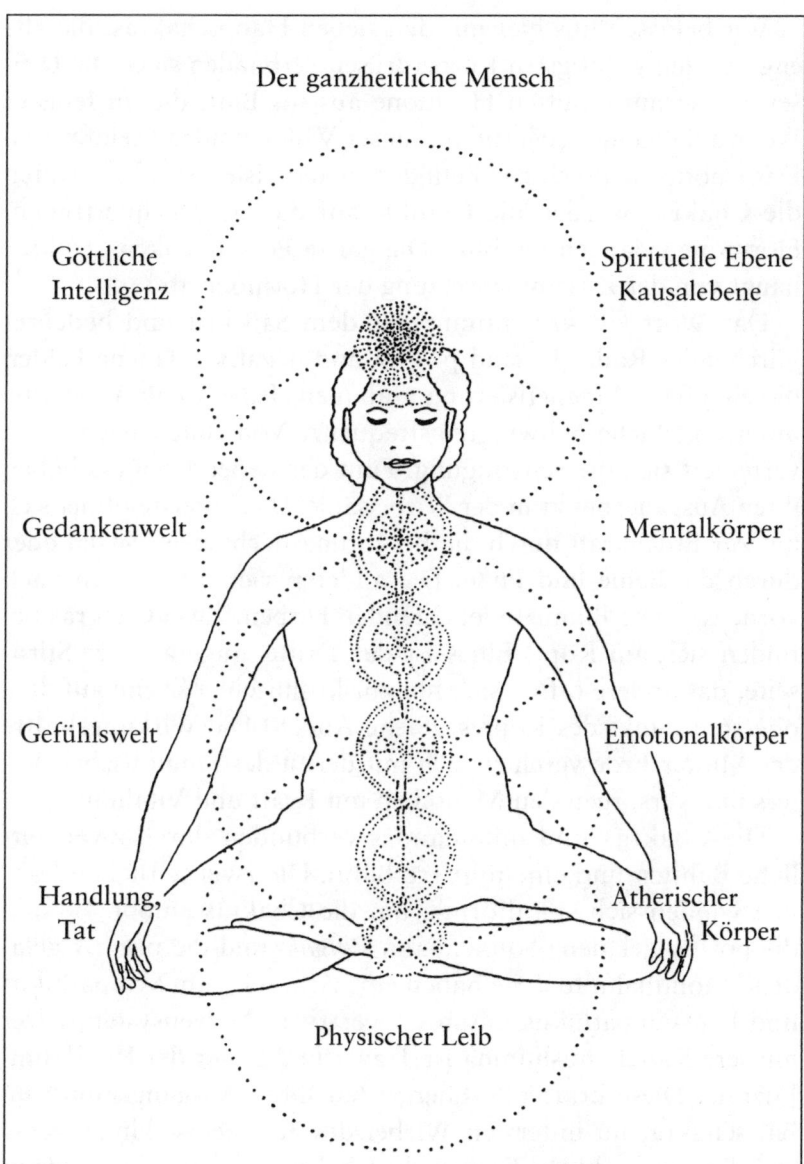

Der ganzheitliche Mensch

Göttliche
Intelligenz

Spirituelle Ebene
Kausalebene

Gedankenwelt

Mentalkörper

Gefühlswelt

Emotionalkörper

Handlung,
Tat

Ätherischer
Körper

Physischer Leib

Wir befassen uns hier mit den sieben Hauptchakras, die alle eng mit den wichtigsten Körperdrüsen verbunden sind. Die Drüsen wiederum schütten Hormone aus ins Blut, die, in feinster Weise aufeinander abgestimmt, unser Wohlbefinden beeinflussen. Das emotionale, seelische Befinden materialisiert sich hier. Durch die Chakras werden die Gefühle auf die Drüsen übertragen, Hormone gelangen ins Blut. Die ganze Persönlichkeitsstruktur hängt von der Zusammensetzung der Hormone ab.

Das Wort *Chakra* stammt aus dem Sanskrit und bedeutet »drehendes Rad.« Es sind positiv und negativ geladene Felder, die eine feine Magnetisierung aufbauen. Jedes Chakra hat eine unterschiedliche Schwingungsfrequenz. Von unten nach oben verfeinert sich die Schwingung. Fünf der sieben Chakras haben ihren Ausgangspunkt in der Wirbelsäule. Das unterste öffnet sich hin zur Erdenkraft durch die Berührungsfläche beim Sitzen oder durch die Beine und Füße. Die anderen vier öffnen sich nach vorne wie eine Blume in leuchtenden Farben. Zwei Chakras befinden sich am Kopf. Eines ist das Dritte Auge auf der Stirnseite, das andere öffnet sich hin zur kosmischen Ebene auf dem obersten Punkt des Kopfes. (Siehe Abb. 8) Die Wirkungskräfte der Mutter Erde vereinen sich mit denen des Himmlischen Vaters und versorgen den Menschen mit Kraft und Vitalität.

Die Chakras sind miteinander verbunden durch zwei seitliche Bahnen und eine mittlere Bahn. Die zwei seitlichen Bahnen winden sich spiralförmig um die Chakras empor. Es sind die positiv geladene Sonnenbahn *Pingala* und die negativ geladene Mondbahn Ida. Sie haben eine Affinität zum Sympathikus und Parasympathikus unseres vegetativen Nervensystems. Der mittlere Kanal Shushumna ist Träger und Leiter der Kundalini-Energie. Diese kraftvolle Energie hat ihren Ausgangspunkt im Basischakra, im untersten Wirbel des Steißbeins. Findet diese wunderbare weibliche Energie die Chakras geöffnet, durchströmt

Die sieben Chakras oder Energiezentren

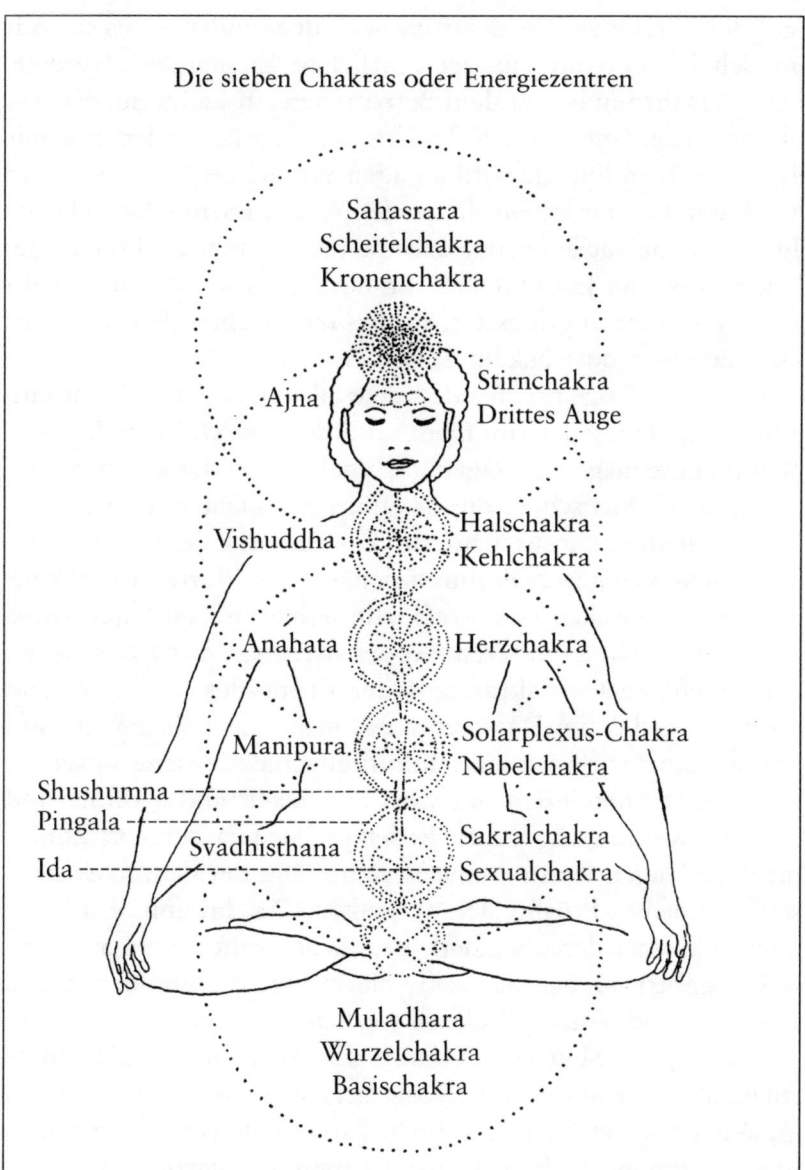

Sahasrara
Scheitelchakra
Kronenchakra

Ajna

Stirnchakra
Drittes Auge

Vishuddha

Halschakra
Kehlchakra

Anahata

Herzchakra

Manipura

Solarplexus-Chakra
Nabelchakra

Shushumna
Pingala

Svadhisthana

Sakralchakra
Sexualchakra

Ida

Muladhara
Wurzelchakra
Basischakra

und durchflutet sie ein Zentrum nach dem anderen, bis sie sich im Scheitelzentrum mit der göttlichen Lichtenergie vereint. Diese Erfahrung bringt dem Betroffenen ein Lichterlebnis von überwältigendem Ausmaß. Die Vereinigung der Erdenergie mit der spirituellen Energie wird im alten Symbol des Caducäus oder Merkurstabes dargestellt. In der christlichen Symbolik stellt die Taube die spirituelle Energie dar und die Schlange die Erdenergie. Leider war man Jahrhunderte hindurch dem weiblichen Prinzip gegenüber sehr angstbesetzt, so daß die machtvolle Kundalinikraft ignoriert oder bekämpft wurde.

Wie eine einzige brennende Kerze allein einen dunklen Raum erhellt, leuchtet jeder von Licht und Liebe durchflutete Mensch heilsam in seine ganze Umgebung hinein. Keine Epoche brauchte so dringend Menschen, die das göttliche Licht in sich tragen, wie die heutige. Jesus Christus hat uns mit dem Kraftgebet einen Schlüssel gegeben, durch den wir die Pforte öffnen können zur kosmischen Lichtkraft, zum Himmlischen Vater. Diese Kraft lassen wir in unseren Körper hereinströmen. Wir ziehen sozusagen die Liebeskraft aus der Ebene des Schöpfers von oben in uns herein. Das bringt uns nicht nur Lebenskraft und Freude, sondern auch eine unaufhaltsame seelische Entwicklung. Jedes Energiezentrum wird entwickelt und geöffnet und erstrahlt wie eine Lotosblüte in den reinsten Farben. Die Entfaltung der Tugenden und eine Verfeinerung des ganzen Wesens sind die reichen Früchte der VATERUNSER-Meditation. Wir kommen dem Ziel der Ganzheit, der Zentriertheit immer näher. Geistesgaben werden geweckt, die in jedem schlummern und nur darauf warten, entdeckt zu werden.

Wir gehen einem wunderbaren Zeitalter entgegen, denn es entsteht eine Kultur, die auf die geistig-seelische Entwicklung großen Wert legt. Es ist tröstlich, daß das Wassermannzeitalter schon jetzt eine spürbare Transformation herbeigeführt hat. Sehr viele Menschen sind auf dem Weg zur geistigen Entwicklung. Das Interesse an Esoterik – was ja nichts anderes heißt als »in sich schauen«, »in sich gehen« – ist in den letzten Jahren enorm gestiegen. Die Ablösung jedoch aus dem verkrusteten, materiellen Denken wird kaum ohne Schmerzen vor sich gehen. Zu viele Menschen bangen um ihre Machtpositionen. Im Tarot zeigt der Turm, was geschehen muß, wenn eine neue Bewußtseinsebene erreicht werden soll. Wenn aber einmal die Verbindung zur göttlichen Seinsebene hergestellt ist, entsteht eine große Geborgenheit, die ein unerschütterliches Vertrauen zur inneren Führung bewirkt. Täglich erfahren wir: Gott ist in mir und ich in Ihm.

Richtiges Atmen

Der Atem hat im Energiesystem des Menschen eine zentrale Bedeutung. Mit dem ersten Atemzug fängt das selbständige Leben an, und mit dem letzten Atemzug löst sich der feinstoffliche Körper vom irdischen Leib. Der Lichtkörper wird beim Tode von unten nach oben aus dem Leib weggetragen.

Durch den Atem strömt der lebensnotwendige Sauerstoff in die Lungen. Beim Ausatmen scheiden wir Verbrauchtes in Form von Kohlendioxid aus. Das ist die körperliche Ebene. Es geschieht aber durch das Atmen mehr als nur dies. Wir führen durch den Atem Lebensenergie in den feinstofflichen Körper. Prana, Ch'i oder Ki sind verschiedene Namen für diese kosmische Kraft.

Leider atmen viele Menschen viel zu flach. Ihr Bauchbereich ist hart und verkrampft. Es gelingt vorerst nicht, in die Tiefe des Bauches hineinzuatmen. Durch bewußtes Hinlenken des Atems wird es nach und nach möglich, die Blockaden aufzulösen. Schmerzhafte Körperstellen können durch bewußtes Hinlenken des Atems vermehrt mit Energie versorgt werden. Eine warme, erleichternde Empfindung ist sofort wahrnehmbar. Der Atem sollte von den Haarspitzen zu den Zehenspitzen zirkulieren. Wir verbinden die Erdenergie vom Becken hinauf über den Rücken bis zum Scheitelchakra mit den Lichtenergien des Himmlischen Vaters. Wir öffnen uns von unten nach oben und von oben nach unten. Ein solches tiefes Atmen fördert die uneingeschränkte Versorgung mit Lebenskraft und Vitalität.

Jede Meditation sollte vorbereitet werden durch eine entspannte Körperhaltung. Verspannte Muskeln kann man lockern durch Anspannen und Loslassen. Wir stellen eine bewußte Verbindung her zu allen Teilen des Körpers, lockern ihn und empfinden Dankbarkeit ihm gegenüber. Er ist unser Instrument, uns gegeben, um unser Erdendasein erleben und gestalten zu können.

Bevor wir uns durch die Meditation dem Himmlischen Vater zuwenden, atmen wir tief ein. Wir füllen unseren Bauch und unsere Brustregion bis zum Kopf und atmen wieder aus vom Kopf zur Brust bis zur Tiefe des Bauches. Durch das gründliche Ausatmen machen wir bewußt Platz für die mit Lichtenergie angereicherte Atemluft. Das bewußte Atmen von unten nach oben und von oben nach unten hüllt uns ein in einen harmonischen Kreislauf, der uns ganz ausfüllt und mit viel Licht anreichert. Es kann durchaus geschehen, daß allein durch den Atem so viel Lichtenergie zugeführt wird, daß es intensive emotionelle Reaktionen gibt. Tränen fließen durch das Einströmen der höheren Schwingungsfrequenzen. Es soll geschehen. Viele Schmerzen und Ängste, die im Emotionalkörper vorhanden sind, werden dadurch aufgelöst. Tränen sind ein wunderbarer Reinigungsvorgang.

Denken wir immer wieder daran, daß alles, was dem Prinzip der Liebe zuwiderläuft, auch in unserem Energiesystem Blockaden verursacht. Alles, was gegen die Liebe verstößt, verdunkelt, hindert die Lichtenergie daran, ganz in uns einzuströmen. Die VATERUNSER-Meditation wird uns helfen, frei von negativen, blockierenden Feldern zu werden.

Fließender Atem

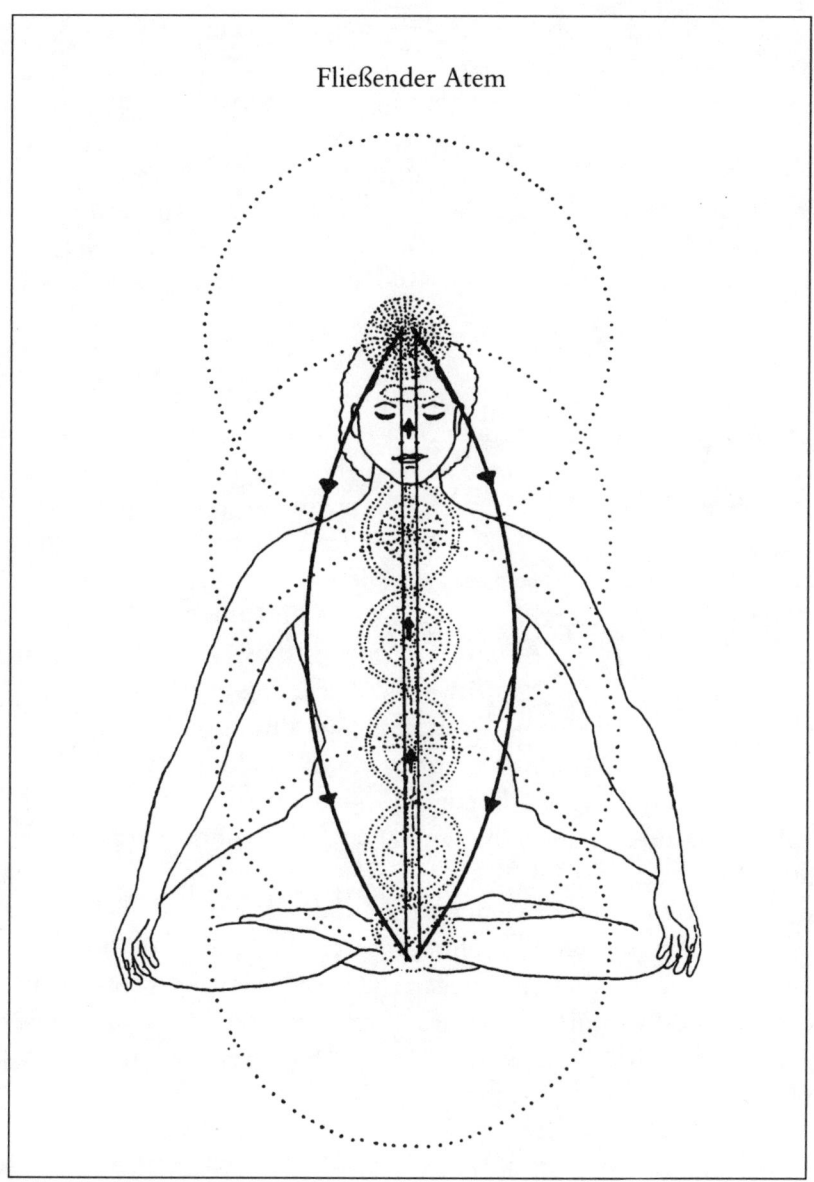

Das VATERUNSER
im Lichte der Chakras

Vater unser, der Du bist im Himmel

Wir haben uns durch bewußtes Atmen vorbereitet. Die innere
Ruhe hat sich ausgebreitet. Aus diesem Zustand der Geborgenheit richten wir unsere Aufmerksamkeit zum obersten Punkt
des Kopfes, zum *Kronen-* oder *Scheitelchakra.*

Wir lenken die Schwingungskraft des ersten Mantras des Ge-
betes in dieses Zentrum. Wir wenden uns hin zur höchsten
Kraft der Einheit, zur Kraft des ungeteilten Lichtes, die alles in
sich enthält. In ihr ist alle gütige Weisheit, in ihr ist die ganze
Lebensenergie, die uns nährt, durchlichtet und unsere spirituelle
Entwicklung entfaltet.

Diese schöpferische, geistige Energie ist eine ungeteilte Kraft,
Vater-Mutter-Gott. Durch das Scheitelchakra strömt diese Kraft
in uns ein, denn das Scheitelzentrum ist die Pforte der spirituellen Energie. Durch das Öffnen dieses Chakras werden wir zum
Gefäß für diejenige Kraft, die alles durchlichtet und mit Leben
erfüllt. Es ist die Quelle des Lichtes, die sich immer wieder in
unzählige Formen und Farben ergießt und alles vor uns ausbreitet. Die Ebene des Vaters jedoch ist noch eigenschaftslos,
formlos, ist göttliches Sein. Sie ist weder an Zeit noch Raum gebunden, kennt weder Vergangenheit noch Zukunft. Es ist aber
eine vibrierende Lichtkraft, bereit, sich zu verströmen. Sie ist der

Urgrund der Schöpfung, aus ihr geht jegliche materielle Manifestation hervor. Aus diesem Urgrund allen Seins kommen die Seelen und kehren nach dem Erdenleben wieder dorthin zurück, zurück zum Himmlischen Vater. Im innersten Selbst wissen wir um die Leichtigkeit dieser Ebene und sehnen uns danach zurück. Was wir »Himmlischer Vater« nennen, ist der Schöpferimpuls, das ewige »Ich bin«.

Unfaßbar ist für uns die Vorstellung dieser Lichtkraft. Das geistige Prinzip hat seine Entsprechung im großen kosmischen Spiel des Weltalls. Die unendliche Ausdehnung, die wir uns mit unseren Sinnesorganen nicht vorstellen können, ist der Himmel. Hinter all diesem Unfaßbaren wirkt eine sich immer erneuernde Licht- und Kraftquelle. Wir finden das gleiche Prinzip wieder in unserem Sonnensystem. Das ist für uns vorstellbar. Die Sonne wirkt hier als Kraftspenderin, sie versprüht ihre Kraft, ihre Wärme, ihr Licht ohne Bedingungen. Ohne sie gibt es kein Leben.

Auf wunderbare Weise kreisen die Planeten in ihren Bahnen. Alles schwingt in einer herrlichen Harmonie. Der Mensch ist durch den ersten Atemzug in dieses Schwingungsmuster eingebettet und bleibt sein ganzes Leben lang unter dem Einfluß der kosmischen Rhythmen. Wären unsere Ohren ausgerüstet für ein breiteres Spektrum von Tonfrequenzen, könnten wir die Schwingungsmusik der Planeten hören. Wie die Sonne ein Abbild eines größeren Prinzipes ist, ist der Mensch wiederum ein Abbild des kosmischen Musters. Er atmet im Rhythmus der großen Ordnung. Immer trägt das Kleine das Abbild des Größeren in sich. Es sind kosmische Gesetze, die alle Weisheit, alle Intelligenz vereinen. Bis in die kleinste Zelle des menschlichen Körpers wirkt diese kosmische Intelligenz. Auch unser Körper spiegelt bis in die kleinste Zelle des Große. Wir finden den gesamten Menschen abgebildet im äußeren Ohr, in der Iris der Augen, in der Handfläche und so weiter.

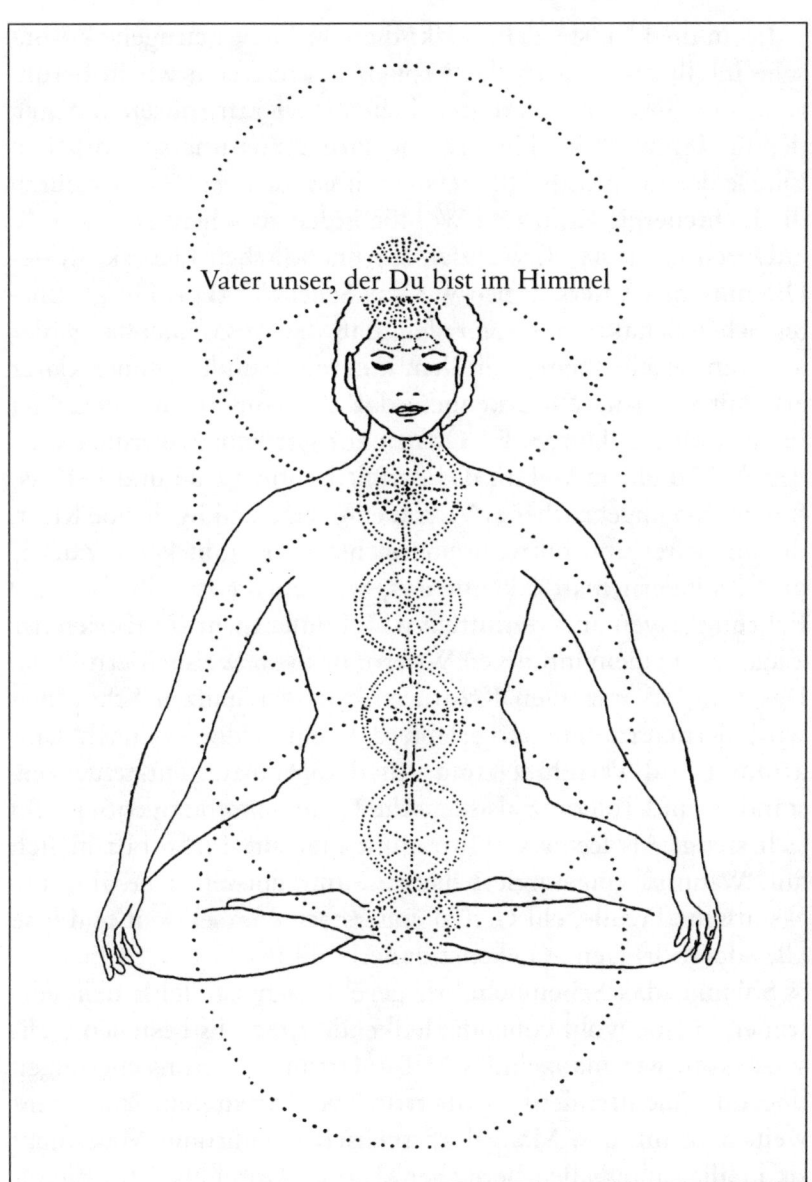

Vater unser, der Du bist im Himmel

Bis in die kleinste Zelle wirkt die von Liebe getragene kosmische Intelligenz. Durch das Kronenchakra treten wir in Berührung mit dieser wunderbaren liebenden Kraft, unserem Vater, der im Himmel ist. Hier ist die Pforte zur unerschöpflichen Quelle der Lichtkraft, die stets bereit ist, unserem Körper durch die Lichtenergie Kraft und Wohlbefinden zu schenken.

Durch das stete Hinwenden zur unendlichen Liebeskraft des Himmlischen Vaters öffnen wir das Scheitelchakra. Ein geöffnetes Scheitelchakra hat zur Folge, daß die Zusammenhänge der äußeren Begebenheiten mit dem inneren Befinden immer klarer erkannt werden. Wir erkennen, daß das Äußere ein Spiegel ist für das Innere. Durch das Öffnen zur göttlichen Weisheit werden wir zu einem Gefäß, das gefüllt ist mit Liebe und Lebensfreude. Ein ungebrochenes Vertrauen in eine wohlwollende Kraft, die uns leitet und führt, breitet sich aus. Es gibt keine Zufälle mehr, sondern man erkennt das, was einem zu-fällt, was die Führung zeigen und vermitteln will. Immer mehr öffnet sich der Zugang zu einem intuitiven Wissen, das von Weisheit erfüllt ist. Das Einssein mit allen Kreaturen, mit der ganzen Schöpfung wird dermaßen intensiv erlebt, daß ein Bedürfnis nach Umarmung und Verschmelzung mit dem Ganzen entsteht. Verständnis und Toleranz als seelische Grundstimmung entwickeln sich stetig. Als leeres Gefäß nimmt man die Lichtkraft in sich auf. Wenn sie ungehindert fließen kann, entsteht eine absolute ekstatische Freude, ein Gefühl äußerster Glückseligkeit und eine alles durchdringende Lebensfreude.

Solange das Scheitelchakra geschlossen ist, fehlt das Vertrauen in eine wohlwollende, lenkende Kraft. Es bestehen seelische Nöte wie mangelndes Selbstvertrauen, Verunsicherungen und die Fluchttendenz in übertriebene Aktivitäten. Unbewußt weiß man um den Mangel an seelischer Nahrung. Man sucht sie in allen möglichen Bereichen. Da der Durchblick für die inneren Zusammenhänge fehlt, werden die Mitmenschen für die eigenen Nöte verantwortlich gemacht oder Feindbilder geschaffen. Seelische Leiden sind immer ein Ausdruck von energetischen Blockaden im feinstofflichen Energiesystem. Ein offener, harmonischer Kreislauf äußert sich durch Freude und bietet die beste Voraussetzung für körperliche Gesundheit.

Die Schwingungsfrequenz des Kronenchakras entspricht der Farbe Violett. Es kann zu einem intensiven Lichterlebnis kommen in hellstem Weiß, wenn alle Chakras geöffnet sind und die Kundalini-Energie aus dem Basischakra sich mit der Lichtenergie der kosmischen Ebene vereint. In der Meditation bedeutet die Farbe Violett, die im Dritten Auge wahrgenommen wird, ein Versinken und eine innige Hingabe an die höchste Kraft. Violett ist die Verschmelzung von Rot und Blau. Das blaue, weibliche Yin-Prinzip nimmt das rote, männliche Yang-Prinzip in sich auf. Es findet die Vermählung der weiblichen Erdenkraft mit der Kraft des Himmlischen Vaters statt. Die Materie wird durchlichtet und wird nun Träger des göttlichen Funkens. Der Mensch als Träger des göttlichen Funkens wird vergeistigt und löst sich aus den materiellen Verhaftungen.

Der Körper des Menschen spiegelt die großen kosmischen Gesetze. Das schöpferische Prinzip der verströmenden Lichtkraft wirkt sich materiell über das Scheitelchakra aus, das die ganze Kopfregion mit Energie versorgt. Das Großhirn wird stimuliert. Von hier aus bekommen sämtliche Drüsen im menschlichen Körper ihre Impulse. Sie bestimmen mit einer fein aufeinander abgestimmten Zusammensetzung die Qualität der Körpersäfte. Das Blut hat nicht nur die Aufgabe des Gasaustausches und des Nährstofftransportes. Vielmehr kommen ihm die wichtigen Aufgaben der Reizübertragung der subtilen hormonellen Wirkstoffe zu. Die wichtigsten Impulse kommen über die Chakras durch die Gefühle, die Gedanken und durch die Verbindung zur göttlichen Seinsebene. Die Qualität der Reize ist von größter Wichtigkeit für das wundersame, ausbalancierte Kräftespiel in den Lebensvorgängen. Die Qualität ist also abhängig von den Gefühlen und Gedanken, denn hier materialisiert sich, was im seelischen Bereich vorhanden ist. Hier findet die Verschmelzung des Feinstofflichen mit dem Materiellen statt. Aus dem Scheitelchakra fließt, wenn es stimuliert wird, eine starke Lichtkraft, die in der Lage ist, alle übrigen Chakras zu großer Leuchtkraft zu entfachen.

Wir selbst bilden die stärkste Resonanz zur göttlichen Liebeskraft, indem wir nach dem kosmischen Gesetz des Verschenkens handeln. So sind alle Handlungen, die im Dienste des Nächsten geschehen, Energie vermehrend. Liebe ist immer aufbauend. Alle Motive und Handlungen, die von Liebe getragen sind, sind stärkende, vitalisierende Kräfte. Wiederum zeigt sich als Symbol die Sonne, die Lebendiges zur Entfaltung bringt durch uneigennütziges Verströmen und Verteilen der Energie.

Je mehr wir uns bewußt werden, daß alle Materie Brechungen Seines Lichtes sind, um so inniger wird die Verbindung zur göttlichen Ebene. Dann wird der Glaube zur Gewißheit, weil jeder Tag Wunder über Wunder, Freude und Geborgenheit hervorbringt. Die VATERUNSER-Meditation öffnet uns völlig neue Dimensionen; geistiges Sehen und Hören entwickeln sich. Freude und Dankbarkeit prägen die seelische Grundstimmung. Wir werden hingeführt zur Verschmelzung des individuellen »Ichs« mit dem universellen »Ich«. So wächst immer mehr die Erkenntnis, daß die sichtbare Materie ein Ausdruck des göttlichen Bewußtseins ist. Sie ist der Tanz der Schwingungen und eigentlich eine Illusion, Maya. Das Erkennen der inneren und äußeren Zusammenhänge bereichert aber unseren Alltag intensiv.

Unser Vater im Himmel ist weit und doch nahe, groß und doch klein. Er ist in allem und jedem.

Das höchste Wahre ist ohne Bild.
Gäbe es aber gar kein Bild,
so gäbe es keine Möglichkeit,
wodurch es sich als das Wahre
zu manifestieren vermöchte.

Das höchste Prinzip ist ohne Worte.
Gäbe es aber überhaupt keine Worte,
wodurch könnte es sich dann als
Prinzip offenbaren?

Inschrift einer chinesischen Buddha-Steinfigur
aus dem Jahre 746 n. Chr.[3]

Geheiligt werde Dein Name

Dieses Mantra begleiten wir hin zum *Stirnchakra*, dem *Dritten Auge*. Dieses Kraftzentrum liegt in der Mitte der Stirn, ungefähr einen Fingerbreit über der Nasenwurzel.

Durch das Scheitelzentrum berühren wir die ungeteilte Lichtkraft, die Schöpfersphäre. Diese Einheit will sich verströmen. Es ist der Wille des Schöpfers, daß sich Sein Licht zersplittert und in die Polarität zerfällt. Es ist Sein Wille, daß der Mensch mit seinen Wahrnehmungsfähigkeiten gefangen ist im Tanz dieser polaren Kräfte.

Dieser göttlichen Kreativität liegt eine Idee, ein Gedanke zugrunde. Aus dem Gedanken hat sich das Wort gebildet, eine Tonschwingung. Aus dem Klang ist alles geworden.

»Am Anfang war das Wort,
und das Wort war bei Gott,
und Gott war das Wort.«

Der Schöpfer hat den Klang oder den Namen ausgesprochen, hat das Licht sich verteilen lassen. Er hat sich verschleiert und manifestiert sich in allen möglichen Atomstrukturen, in Farben und Formen. (Siehe Abb. 3)

Das Licht teilt sich, es zerfällt in die Polarität, das heißt in die Gegensätzlichkeit. Die Gegensätze bestehen aus positiv und negativ, männlich und weiblich, Licht und Schatten, Yin und Yang. Die Kräfte der gegenseitig geladenen Felder halten die Materie zusammen. Die Materie ist eine verdichtete Form des ursprünglichen Lichtes.

»Die Gestalt ist die äußere Schale, deren innerstes Wesen und der Kern der Name (die Idee) ist. Das heißt: der Körper ist die Gestalt, der Geist ist der innere Namen. Die ganze sichtbare und greifbare Welt ist die Gestalt, hinter der dieser Name steht: Spota, das ist der Logos, das Wort, welches sich offenbart. Dieser Spota (Schöpferwille) ist die Kraft, aus der Gott das All erschuf.«[4]

Der Name hat seine Wurzel in der göttlichen Seinsebene. Die ursprüngliche Bildung der Namen aller Dinge und aller Wesen geschah durch das geistige Wahrnehmen ihrer inneren, geistigen Substanz. Jedes Wort ist beseelte Kraft. Jeder Gedanke ist schöpferische Kraft.

Wir heiligen Seinen Namen, Sein Schöpferwerk. Heiligen bedeutet: respektieren, achten, in Ehren halten, bewundern, bestaunen. Die Naturgesetze wirken in bewahrender, weiser Intelligenz. Widersetzen wir uns den inneren Gesetzen der Natur, erfolgt die Korrektur. Meistens empfinden wir Leid und Schmerz, wenn wir vom richtigen Weg abgekommen sind. Es gibt jedoch keinen strafenden Gott, denn er ist erfüllt von Liebe zu seinen Geschöpfen. Erkennen wir durch den Leidensdruck die liebende Kraft, die weise in allem wirkt! Das eigene Denken und Handeln sollte dadurch hinterfragt werden.

Der Mensch, als kleines Abbild des Großen, ist selbst Schöpfer durch seine Gedankenkräfte. Gedanken erzeugen feinste energetische Felder, wir senden sie aus und nehmen sie auf. Keiner kann für sich allein denken; immer entstehen Felder, die

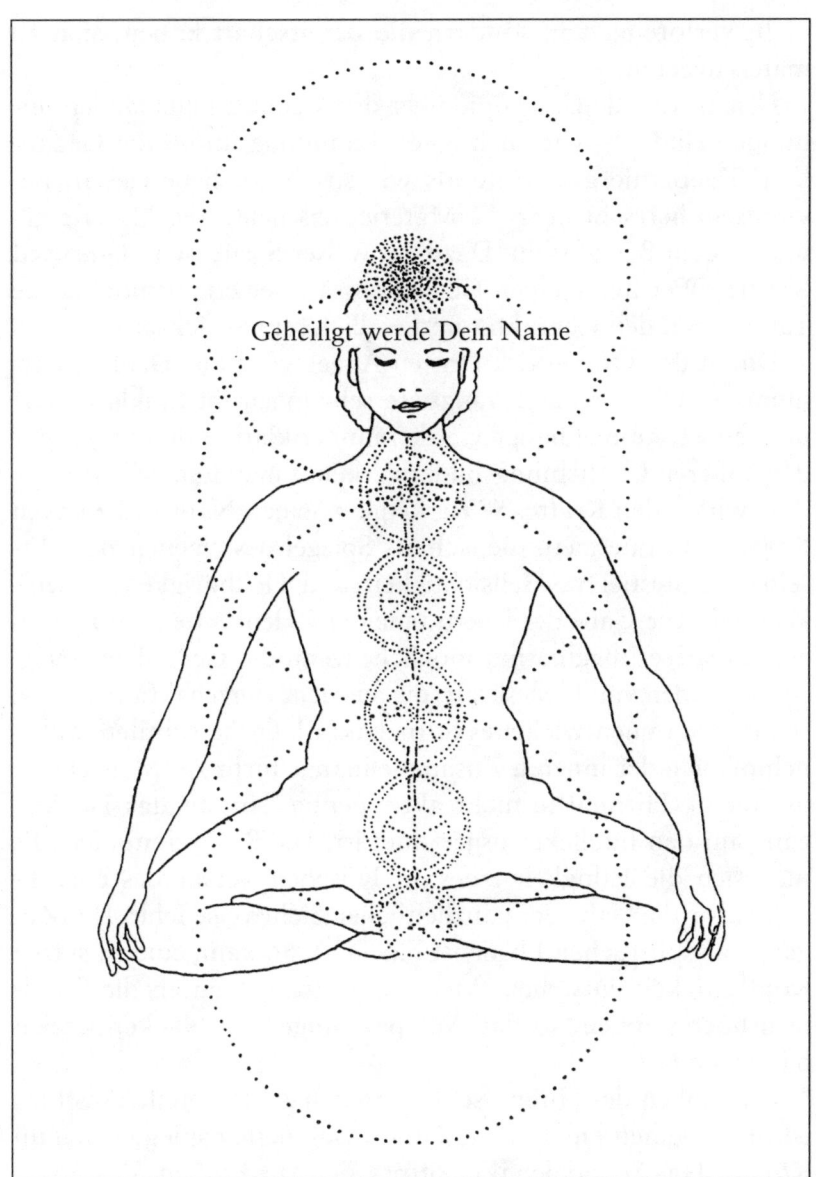

Geheiligt werde Dein Name

nicht verlorengehen, sondern die Bereitschaft haben, sich zu materialisieren.

Genau wie alle Geschöpfe über die Atemluft miteinander verbunden sind, besteht auch eine Verbindung durch die Gedanken. Telepathie gilt heute als wissenschaftlich bewiesen. Bewußtsein herrscht über die Materie, das heißt: die Materie gehorcht dem Bewußtsein. Dazu ein weiser Spruch von Gottfried Keller: »Wer heute einen Gedanken sät, der erntet morgen die Tat, danach den Charakter und endlich sein Schicksal.«

Durch das Öffnen des Dritten Auges wird das Denken harmonisch. Die Yin- und Yangseite schwingen im Einklang. Die inneren Zusammenhänge werden immer klarer erkannt. Hinter den äußeren Erscheinungsbildern erkennt man immer klarer die dort wirkenden Kräfte. Wir erkennen Seinen Namen. Es ist ein Reigen von Energien, die sich als Spiegel des eigenen Bewußtseins manifestieren. Hellsichtigkeit und Hellhörigkeit entwickeln sich. Die Gabe der Übertragung von Heilkräften wird durch eine kreative Imagination möglich, wenn die Gedanken unterstützt werden von Liebeskraft, die aus dem Herzchakra fließt.

Ein noch unentwickeltes Stirnchakra läßt die subtilen Wahrnehmungen der inneren Zusammenhänge nicht zu. Meistens ist die rechte Hirnhälfte nicht aktiv genug, so daß das Denken ganz auf den Intellekt ausgerichtet ist. Die Ratio dominiert. Es mag sich die Fähigkeit eines analytischen Verstandes entwikkeln, aber die Gabe der ganzheitlichen Sichtweise fehlt. Der Zugang zur spirituellen Ebene ist blockiert. So kann eine zu starke Kopflastigkeit entstehen. Meistens werden dadurch die Schultern hochgezogen, so daß Verspannungen im Nackenbereich häufig sind.

Die Einheit des Himmlischen Vaters hat sich geteilt. Aus Eins ist die Zweiheit entstanden. Dieses Geschehen spiegelt sich im Körper. Das Scheitelchakra öffnet sich zur Einheit, das Stirnchakra öffnet sich zur Schöpfung. Yin und Yang spiegeln sich, wie bereits angedeutet, im Gehirn. Die linke, männliche Seite ist für Logik, Analytik, Sprache, Mathematik, Wissenschaft und Expansion aktiv. Die rechte, weibliche Seite wird für Imagination, Beschützen, Bewahren, Träume, Gesamtschau, Intuition, Sensitivität und so weiter aktiviert.

Durch das Stirnchakra wird die ganze Kopfregion, das Gesicht, die Augen, die Nase, die Nebenhöhlen und vor allem das Kleinhirn und das ganze Zentralnervensystem mit Lebenskraft stimuliert. Die Hirnanhangdrüse oder Hypophyse übt auf alle andern Drüsen einen maßgebenden Einfluß aus. Sie reguliert das richtige Maß des Wachstums. Die Fruchtbarkeit, die den Menschen selbst zum Schöpfer macht, wird auf wunderbare Weise von hier aus gesteuert. Die göttliche Kreativität wurde in die Hände des Menschen weitergegeben, damit er Sein Werk weiterführe.

Durch diese wunderbare Meditation wird das Stirnchakra mit dem Mantra »Geheiligt werde Dein Name« zur Entfaltung gebracht. Eine Seele, deren Leben bislang nur auf die Befriedigung materieller Wünsche und körperlicher Bedürfnisse ausgerichtet war, bekommt durch die Intuition und das ganzheitliche Denken vermehrte Tiefe. Die höheren Einsichten erweitern die Sichtweise allgemein. Dadurch wachsen Toleranz und Liebe.

Im Stirnchakra vibriert die Farbe Indigo. Je stärker die spirituelle Durchlichtung aus dem Scheitelchakra, desto mehr Violett kommt hinzu. Herrscht das rationale Denken vor, schwingt das Zentrum in einer gelblichen Frequenz. Blau verkörpert das aufnehmende, weibliche Prinzip. Es ruht in sich selbst, ist also eine Verinnerlichung, eine unergründliche Dimension. So ist eine Fahrt ins Blaue eine Reise ins Unbekannte. Die Erde, unsere Lebensbasis, ist ein blauer Planet, die weibliche Mutter Erde. Die Intuition ist ein weibliches Prinzip. Sie ist nicht greifbar, nicht beweisbar. Aber sie ist schneller als rationelle Überlegungen. Das ist der Grund, warum der erste Eindruck, der erste Gedanke, meistens der richtige ist.

Blau wirkt beruhigend, kühlend. Blau vermittelt Geborgenheit. Oft wird Maria mit einem blauen Mantel dargestellt, ein Symbol der schützenden Mütterlichkeit, das weibliche Prinzip im weitesten Sinne.

Ein aktiviertes, entwickeltes Stirnzentrum stimuliert beide Gehirnhälften. Das weibliche Prinzip wird entsprechend integriert. Unsere Mutter Erde braucht dringend Menschen, die ihre heilenden Kräfte durch aufbauende, gute Gedanken ausbreiten.

Wenn durch die Kraft des VATERUNSERS das spirituelle Bewußtsein in jedem meditierenden Menschen zur Entfaltung kommt, wird Sein Name in allen Dingen immer mehr erkannt werden. Aus dieser Sicht der Dinge wird die Achtung, die Heiligung der ganzen Umwelt wachsen. Diese kontemplative Grundstimmung bringt die nötige Sensitivität gegenüber hektischen Aktivitäten. Ruhe und Geborgenheit breiten sich aus von innen her. Die Quelle der Lebensfreude ist in jedem Menschen im eigenen Innern zu finden.

Der wahren Tugend Bewegung
folgt nur dem Tao.
Das Wesen des Tao:
unfaßlich, unbegreiflich.

Unbegreiflich, unfaßlich,
es birgt in sich die Bilder.
Unfaßlich, unbegreiflich,
es birgt in sich die Wesen.

Dunkel, unergründlich,
es birgt in sich die Lebenskraft.
Die Lebenskraft ist Wirklichkeit,
ihr Inneres höchste Gewißheit.

Von Anbeginn bis heute
vergeht Sein Name nicht,
er bewirkt den Anfang aller Dinge.
Woher ich vom Anfang aller Dinge weiß?
Eben durch dieses, das Tao.

Lao Tse[5]

Dein Reich komme

Mit der Schwingungskraft dieses Mantras richten wir unser ganzes Bewußtsein in das *Hals-* oder *Kehlchakra.* Dieses Zentrum dehnt sich vom Halswirbel nach vorn bis über die Halsgrube aus.

Aus der Einheit des Scheitelchakras heraus begegnen wir der Zweiheit im Stirnchakra und vereinen die beiden Kräfte zur Dreiheit im Halschakra. Dieses Zentrum vollendet die göttliche Dreiheit. Auf wunderbare Weise ist der Mensch ein Ausdruck der höchsten Gesetze. Jeder materiellen Manifestation liegt ein geistiges Gesetz zugrunde.

Dein Reich komme. Der göttliche Funken fließt durch die Pforte des Halses in die unteren vier Chakras. Das Halszentrum ist die Verbindung der unteren mit der oberen Ebene. Die göttliche Weisheit verströmt sich in alle Dinge.

»Das Tao erzeugt das Eine,
das Eine erzeugt die Zwei,
die Zwei erzeugt die Drei,
die Drei die abertausend Dinge.«
Lao Tse[6]

Durch das Halschakra stellen wir mit unserer Welt die Kommunikation her, wie sie auf der spirituellen Ebene durch geistige Inspirationen geschieht. Durch dieses Zentrum sind wir kommunikationsfähige Wesen. Aus Ideen und Gedanken werden durch die Stimmbänder Laute gebildet, Worte, die wir nach außen senden. Wir äußern Gedanken und Gefühle nicht nur durch Worte, sondern auch durch Gesten, durch die Mimik oder durch andere kreative Ausdrucksmittel wie Tanz und Musik.

Was immer wir nach außen vermitteln, sind beseelte Impulse. Worte sind machtvolle Schwingungen. In der VATERUNSER-Meditation nutzen wir die Schwingungskraft der Worte, der Mantras, als Entfaltungskräfte der feinstofflichen Energiezentren.

Ein offenes Halszentrum ermöglicht einen harmonischen Fluß der inneren Empfindungen und deren Äußerungen. Die Worte, der Ausdruck, sind beseelt und echt. Das innere Empfinden wird klar und ungehemmt nach außen vermittelt. Die zwischenmenschliche Kommunikation ist tief und reich. Zum klaren Mitteilen gehört auch das Zuhören. Die Energien, die durch eine offene Kommunikation entstehen, fließen dann hin und her und vermitteln ein Gefühl von Verständnis und Geborgenheit.

Das Halschakra hat auf dem seelischen Entwicklungsweg eine große Bedeutung. Wir hören nicht nur die äußeren Laute. Hier vernehmen wir die leise Stimme aus der Quelle der spirituellen Ebene des Himmlischen Vaters und empfangen seine Inspirationen. Wir entwickeln mit einem offenen Halschakra ein starkes Vertrauen in die innere Führung und erkennen immer deutlicher unsere individuelle Lebensaufgabe. Innere Weite öffnet das Tor zur Quelle der All-Liebe. Geöffnet erwarten wir die Kräfte des Heiligen Geistes, nämlich die Inspirationen aus der Ebene des Himmlischen Vaters.

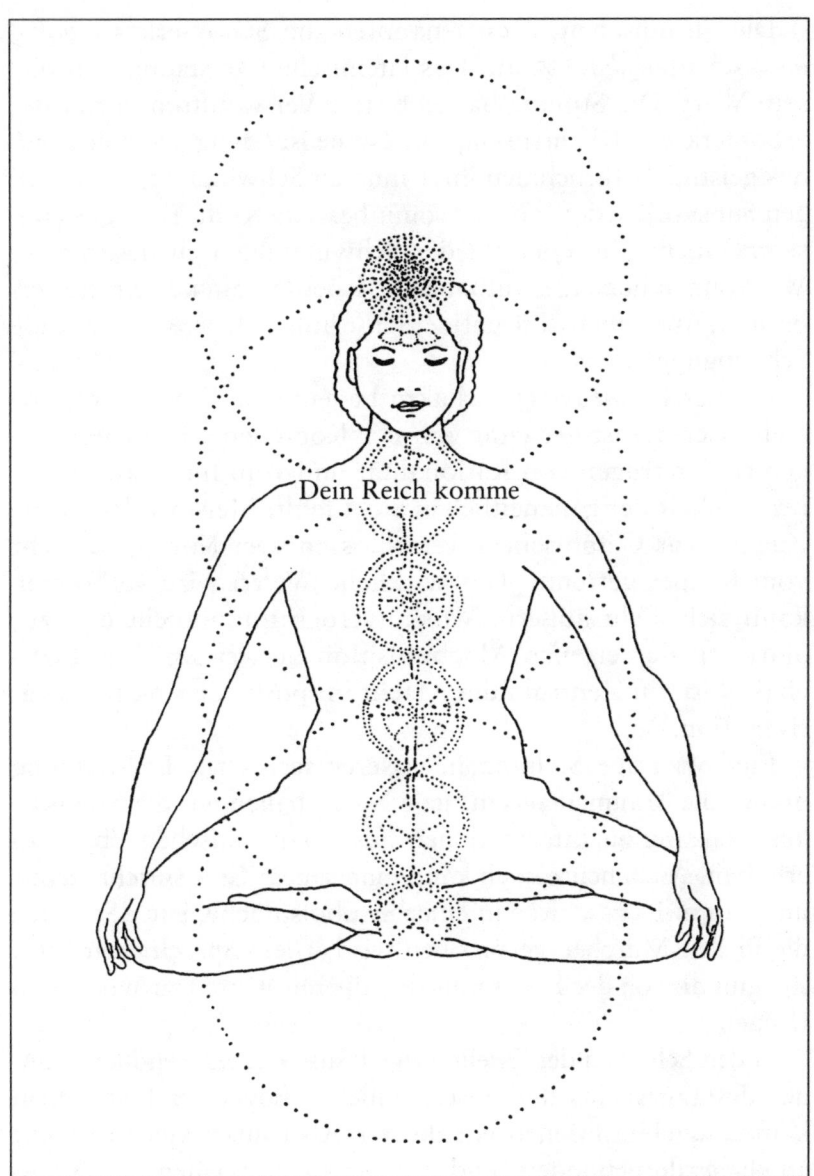

Dein Reich komme

Die altindischen Weisen nannten die Schöpferkraft *vaka,* *va* = schaffen, *ka* = Kraft. Das lateinische *vox* stammt aus diesem Wort. Die Stimme hat eine tiefe Verwandtschaft mit der Schöpferkraft. Die ursprüngliche Namensbildung geschah durch das geistige Wahrnehmen ihrer inneren Schwingung, der geistigen Substanz. Jedes Wort ist somit beseelte Kraft. Es liegt in unserer Macht, die Qualität der Schwingungen zu bestimmen. Wir können liebende, aufbauende, lebenserhaltende Kräfte verbreiten, aber ebenso negative, haßerfüllte, lebensverneinende Schwingungen.

Ein geschlossenes Halschakra bedeutet seelische Enge. Die Gefühlsebene ist getrennt von der Kopfebene. Die Äußerungen sind getragen von Rationalität und vom Intellekt, der innere Gehalt der ganzheitlichen Sicht fehlt. Meist ist der eigene Zugang zur Gefühlsebene verschlossen. Der Kopf ist zu sehr vom Körper getrennt. Das wirkliche Wesen wird verborgen, kann sich nicht äußern. Worte werden mißbraucht und zur Stärkung der eigenen Machtposition verwendet. Das Halschakra ist ein Zentrum der Macht im positiven und im negativen Sinn.

Eine wichtige Stellung in unserer seelischen Entwicklung nimmt die Traumebene ein. Jede Nacht haben wir die Möglichkeit, Zugang zu Informationen aus der kosmischen Ebene zu erhalten. Auch heute noch kann man sagen: Gott spricht zu mir im Traum. Es geschieht in einer Symbolsprache, jener Sprache, die in den Märchen gesprochen wird. Diese Sprache legt noch Zeugnis ab von der Erkenntnis der inneren Werte von Wesen und Dingen.

In den Schriften der Essener sagt Jesus: »... während der Stunden des Tageslichts sind unsere Füße am Boden, und wir haben keine Flügel, mit denen wir fliegen. Aber unser Geist ist nicht an die Erde gebunden, und mit dem Herannahen der Nacht überwinden wir unsere Bindung an die Erde; wir treffen uns mit dem, was ewig ist. Denn der Menschensohn ist nicht nur das, als was er erscheint; und nur mit den Augen des Geistes können wir jene goldenen Fäden erkennen, die uns mit dem Leben überall verbinden.«[7]

Dein Reich komme, auch in unseren Träumen! Wenn man sich die Mühe nimmt, die Träume aufzuschreiben, steigert man das Erinnerungsvermögen. Immer mehr öffnet sich der Zugang zu Informationen, die uns helfen, uns selbst zu erkennen. Der Weg ist durch ein geöffnetes Halschakra geöffnet zum innersten Selbst. Ich gebe zu bedenken, daß der Rauch jeder Zigarette das Halszentrum zusammenzieht.

Nur ein geöffnetes Halszentrum läßt die ganzheitliche Sicht zu. Unbeeindruckt von den Meinungen der Umgebung erkennen wir ohne Vorurteil mit tiefer Toleranz immer besser die subtilen inneren und äußeren Zusammenhänge.

Die Schwingungsfrequenz des Halschakras entspricht der Farbe Hellblau. Die hellen Töne zeigen eine Durchlichtung des blauen weiblichen Prinzips. Blau gibt den Bezug wieder zum Raum, zur Erde, zum eigenen Leib wie auch zum aktiven Selbstausdruck. Wissen und Erfahrungen werden erst durch den sprachlichen Ausdruck möglich.

Die körperliche Ebene spiegelt die geistigen Gesetze. Göttliche Inspirationen fließen uns durch dieses Zentrum zu. Wir selbst tun durch die Organe dasselbe nach außen hin. Das Halschakra beeinflußt die Ohren, die Stimmbänder, die Atmungsorgane, die Speiseröhre, den Kiefer wie auch die Halswirbel. Insbesondere wird die Schilddrüse, die maßgebend mitwirkt bei einer harmonischen Zusammensetzung der Körpersäfte, durch unser seelisches Befinden beeinflußt. Die Schilddrüse hat einen entscheidenden Einfluß auf die Verbrennungsprozesse des Stoffwechsels. Ihre Funktion ist aber sehr eng mit der obersten »Meisterdrüse« verbunden und führt die Aufträge durch, die von hier aus befohlen werden.

Dein Reich komme! Durch die Verbindung zum Himmlischen Vater gelingt uns ein freier Selbstausdruck des innersten Wesens. Ein tiefes Gefühl der Freude, des Vertrauens und der Vollständigkeit erfüllt den ganzen Menschen. Aus dem Scheitelzentrum fließen die Kräfte des kosmischen Lichtes aus der Einheit, breiten sich aus über das Stirnchakra, strömen ein durch das Halszentrum und verbinden den Menschen mit der göttlichen Ebene. Es geschieht eine mächtige Be – reich – erung, ohne die der Mensch abgeschnitten wäre von den geistigen Inspirationen, ohne die er sich verirren würde in der Unwirklichkeit der Materie.

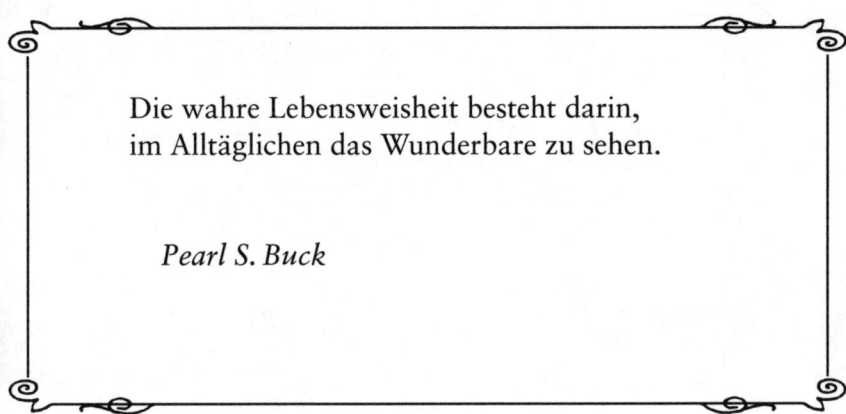

Die wahre Lebensweisheit besteht darin,
im Alltäglichen das Wunderbare zu sehen.

Pearl S. Buck

Dein Wille geschehe –
wie im Himmel – so auch auf Erden

Die Schwingungskraft dieses Mantras lenken wir in das *Herz-chakra*. Es dehnt sich vom Rücken her aus nach vorn bis über den unteren Brustwirbel. Wir lenken: *Dein Wille geschehe* ins Herzzentrum, *wie im Himmel* zum Scheitelchakra und beglei-ten die letzten Worte: *so auch auf Erden* zurück in die Herz-gegend.

Das Herzzentrum ist der Mittelpunkt unseres Wesens und die Mitte des Chakrasystems. Die Energien der Mutter Erde ver-einigen sich hier mit den spirituellen Energien des Himmlischen Vaters. Der Geist durchdringt die Materie. Materie = Mater = Mutter. Diese Durchlichtung aus dem oberen Dreieck veredelt sämtliche vier unteren, den Elementen zugeordneten Chakras. Dadurch entsteht fließende Freude aus dem Herzzentrum, das ein Zentrum der Güte und der Empfindungen ist.

Das Herzchakra stellt das Christus-Mysterium dar. Hier findet die Aufopferung der sinnesorientierten Begierden und des an Äußerlichkeiten gebundenen Denkens statt. An dessen Stelle tritt ein sich in Liebe verschenkendes Empfinden. Hier neigt sich der Schöpfer dem Menschen zu, und der Mensch gelangt über die Liebe hin zum Göttlichen. Durch die Liebe des Herzens findet die höchste Lichtkraft eine Resonanz im Menschen.

»Gott ist der Herr der Elemente, er macht, daß die Dinge sich machen.« (Teilhard de Chardin)

Die Materie hat die Bausteine der vier Elemente als Grundlage. Das Kreuz ist das Symbol der Vierheit. Vier ist der Ausdruck unserer physischen Existenz. Die drei oberen Chakras mit den vier unteren Chakras ergeben die Zahl Sieben. Sieben ist symbolisch die Zahl der Vollkommenheit. In sieben Tagen wurde die Welt erschaffen, und alle kosmischen Gesetze sind darin enthalten.

Wir selbst sind mit den sieben Energiezentren Ausdruck der vollkommenen Schöpfung. Multiplizieren wir die beiden Zahlen Drei und Vier, erhalten wir die Zahl Zwölf. Die Lotosblüte des Herzchakras hat zwölf Blütenblätter. (Siehe Abb. 4) Diese Zahl finden wir wieder bei den zwölf Aposteln, weiter bei den zwölf Abschnitten des Zodiaks. Das Jahr hat zwölf Monate, die Woche sieben Tage. Aus diesen Ausführungen ist ersichtlich, wie sehr wir verwoben sind mit den ordnenden kosmischen Gesetzen.

Symbolisch wird die Vereinigung der spirituellen mit den materiellen Kräften durch zwei sich vereinende Dreiecke dargestellt. Der Geist durchdringt die Materie. Zählt man den Mittelpunkt dieses alten Symbols des Sechsecks hinzu, so erhalten wir wiederum die Zahl Sieben. Das Prinzip der Vereinigung von Yin und Yang, von Körper und Geist, von Himmel und Erde wird durch dieses Symbol dargestellt. (Siehe Abb. 5)

Die bedingungslose Liebe aus einem offenen Herzchakra ist zutiefst bejahend. Durch die Durchlichtung der oberen Chakras erkennen wir, daß alles um uns Ausdruck Seines Willens ist. Wir sind in Ihm und Er in uns. Wie könnte man diese Geborgenheit besser formulieren als:

Dein Wille geschehe, wie im Himmel so auch auf Erden.

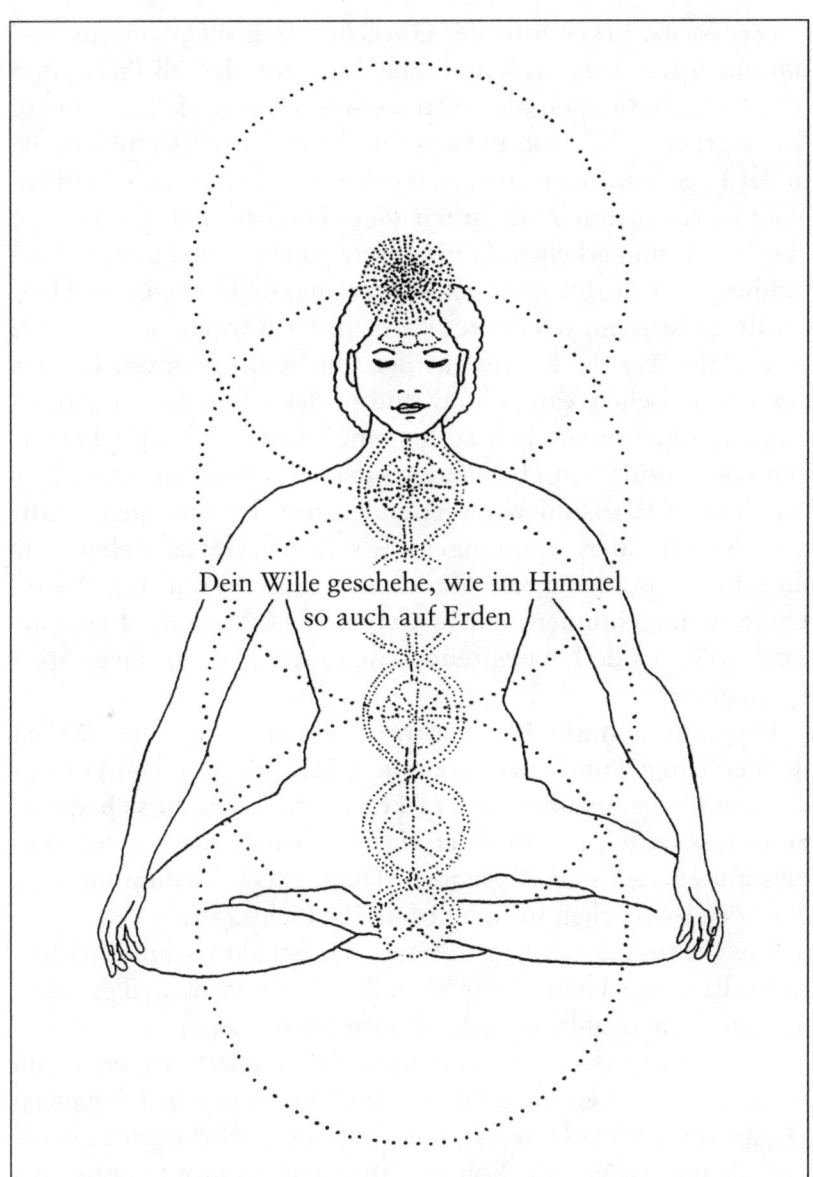

Dein Wille geschehe, wie im Himmel
so auch auf Erden

Das ist die Erkenntnis der göttlichen Gegenwart in uns und um uns. Alles, was ist, kommt aus Ihm, von der All-Liebe, und wirkt gleichermaßen als geistiges wie als materielles Prinzip. Wir werden erfüllt von tiefsten und lebendigsten Gefühlen, die in der Lage sind, Vertrauen zu wecken und Freude zu schenken. Vom Herzzentrum strahlen wir diese kostbare Energie aus wie eine Sonne und erhellen damit unsere ganze Umgebung. In Verbindung mit einem geöffneten Stirnchakra können wir Heilkräfte aussenden, wo immer sie benötigt werden. Wir werden zum Kanal für die Kräfte aus der Quelle des reinsten Lichtes des Himmlischen Vaters, und sind in der Lage, diese Energien auf unsere Mitmenschen zu lenken. Immer ist beim Übertragen von kosmischen Heilenergien das Herzzentrum offen. Nur durch die Liebe sind wir verbunden mit der höchsten Kraft, aus der wir alles empfangen. Als leeres Gefäß stehen wir da und legen alles in die Hände der weisen Führung. Wahre Liebe ist ungebunden und in stetem Fluß. Sie äußert sich als überschäumende Lebensfreude, als Ekstase, als große geistige Umarmung.

Durch diese starke Herzenskraft erkennen wir Seinen Willen in allen Dingen und integrieren diese Erkenntnisse. Die Voraussetzung für bedingungsloses Lieben ist die Liebe zu sich selbst. Sind da Zweifel, Ängste oder Unsicherheiten vorhanden, zeigt dies auf energetische Blockaden. Die tägliche Meditation wird den Weg freimachen für die kosmische Lichtkraft.

Die Lichtkraft wird in unserem Herzchakra zum Christus-Licht. Es ist das Licht, das in allem leuchtet und als weißes Licht, das aus allem strahlt, wahrgenommen werden kann.

Das Prinzip der sich verströmenden Liebeskraft wirkt im physischen Leib gleichermaßen. Das Herz versorgt den ganzen Organismus ohne Unterlaß mit dem unentbehrlichen Lebenssaft, dem Blut. Wie die Sonne bedingungslos ihre Energie ver-

Himmel und Erde – Geist und Materie

schenkt, wirkt das Herz in unserem kleinen System. Das ganze Blutkreissystem hängt von der Tätigkeit des Herzmuskels ab. Die Lebenskraft zu dieser unermüdlichen Tätigkeit des Herzens kommt aus dem Herzchakra. Dieses hat auch einen großen Einfluß auf die Thymusdrüse. Sie regelt das Wachstum und steuert das Lymphsystem. Sie hat aber auch die wichtige Aufgabe, das Immunsystem intakt zu halten und zu stärken. Daraus darf man schließen, daß die Liebeskraft das Immunsystem positiv beeinflußt.

Die Schwingungsfrequenz des Herzzentrums entspricht den Farben Grün und Rosa. Grün ist die Verschmelzung von Blau und Gelb. Blau ist die empfangende, passive Kraft. Gelb ist die Farbe der geistigen Inspiration. Zusammen entsteht Wachstum. Grün ist die Farbe der Wälder, der Wiesen, unserer Lebensbasis. Der Geist durchdringt die Materie und belebt sie von innen. Grün ist eine harmonisierende Farbe; sie kühlt, wo zuviel Hitze, und wärmt, wo zuviel Kälte ist. Die Farbe Rosa ist das Prinzip der allumfassenden Liebe und des Mitgefühls, die Barmherzigkeit und Vergebung schenkt. Sie setzt große Heilkraft frei, da sie getragen ist von vergebenden Gefühlen und von der Leichtigkeit der göttlichen Liebe.

Durch die tägliche VATERUNSER-Meditation öffnet sich das Herzchakra. Gefühle der Unausgeglichenheit oder Depressionen werden aufgelöst, wenn die Lebenskraft ein offenes Energiesystem vorfindet. Zärtliches und Sanftes werden wieder zunehmend das ganze Wesen erfüllen. In allem, was man tut, ist man wieder »mit dem Herzen dabei«. Lebendigkeit und Lebensfreude werden in noch nie gekanntem Ausmaß die Gefühlsebene, den ganzen Emotionalkörper erfüllen.

Die Kraft des Himmlischen Vaters ist Licht und Liebe. Liebe beinhaltet zutiefst ein »Ja«; »Nein« bedeutet Trennung, Blockierung, Einsamkeit.

Der Weise hat kein verschlossenes Herz,
die Herzen der Menschen
sind ihm sein eigenes Herz.

Den Guten bin ich gut,
den Nichtguten bin ich auch gut.
Wahre Tugend ist Güte.

Den Aufrichtigen bin ich aufrichtig,
den Nichtaufrichtigen bin ich auch aufrichtig.
Wahre Tugend ist Aufrichtigkeit.

Der Weise lebt still inmitten der Welt,
sein Herz ist ein offener Raum.
Die Menschen schauen und hören auf ihn,
und er sieht in allen seine Kinder.

Lao Tse[8]

Unser tägliches Brot gib uns heute

Mit dieser Bitte lenken wir unser Bewußtsein in das *Solarplexus-Chakra* oder *Sonnengeflechtszentrum*. Es befindet sich etwa zwei Fingerbreit oberhalb des Nabels. In diesem Zentrum finden wir die meisten energetischen Blockaden. Es ist deshalb hier besonders wichtig, durch bewußtes Atmen viel Energie zuzuführen.

Die Verarbeitung von Gefühlen und Erlebnissen, das Wahrnehmen von Stimmungen, vom Befinden der Mitmenschen, wird über dieses Zentrum gesteuert. Hier findet eine subtile Kommunikation auf der emotionellen Ebene statt. Hier sind die feinstofflichen Fühler eingebaut. Durch dieses Chakra empfinden wir Sympathie oder Antipathie. Wir fühlen hier, was zu unserem Schwingungsmuster paßt und was nicht. Es findet stetig ein Austausch von Energien statt, die wir in unser eigenes Energiesystem integrieren. Im erweiterten Sinne ist auch die gesellschaftliche Anerkennung, der Leistungswille, die emotionelle Bindungsfähigkeit von einem offenen Sonnengeflechtszentrum abhängig.

Mit einem entwickelten Herzzentrum fällt es leichter, den unterschiedlichen Schwingungsfrequenzen mit Offenheit, Liebe und Toleranz zu begegnen. Je mehr unser Energiesystem mit Lichtkraft angereichert ist, um so stärker ist der Schutzmantel, der uns vor unpassenden Schwingungen abschirmt.

Das Herzchakra ist unsere Wesensmitte. Die drei oberen Chakras sind Ausdruck des Höheren Selbst, die drei unteren sind Ausdruck des niederen Selbst. Durch das Höhere Selbst entwickelt sich das spirituelle Leben, durch das niedere Selbst erfahren wir die vitalen Bedürfnisse des irdischen Lebens. Dies soll keine Wertung sein. Alle Zentren steuern das ihre bei zu einem harmonischen Kreislauf, zu einem erfüllten Dasein.

Der Name »Sonnengeflecht« verrät bereits den Zusammenhang mit der Sonnenenergie. Dieses Chakra integriert die Sonnenenergie in unser feinstoffliches Energiesystem. Der Ätherleib, der unseren physischen Leib mit unzähligen feinsten Energiekanälchen durchwebt, verteilt die Energiepartikel des Sonnenlichtes in unserem Körper. Ohne Sonnenlicht gibt es kein Leben auf der Erde; alles Wachstum ist abhängig von der wohldosierten Strahlenmenge, die auf die Erde einstrahlt.

Im geheimen Evangelium der Essener finden sich die Worte Jesu: »Engel der Sonne, tritt in meinen Körper ein und laß mich in dem Feuer des Lebens baden. Und ihr werdet die Strahlen der aufgehenden Sonne in das Zentrum eures Körpers einfließen spüren, dort in das Zentrum, wo sich die Engel des Tages und der Nacht treffen, und die Kraft der Sonne wird euch gehören, um in jeden Teil eures Körpers einzudringen, denn die Engel verweilen dort.«[9]

Das geistige Prinzip der Integrierung verwirklicht sich hier auf allen Ebenen. Feinste Lichtpartikel des Sonnenlichtes, gefühlsmäßige Eindrücke, aber auch die Nahrungsaufnahme werden hier integriert. Die kosmische Intelligenz verwertet so viel, wie wir brauchen, um lebensfähig zu bleiben. Sie möchte aber auch, daß wir freudig, liebend, glücklich und gesund sind.

Das Sonnengeflechtszentrum ist das Zentrum des Emotionalkörpers. Gedanken und Gefühle sind aufs engste miteinander verknüpft. Mit den Gedanken steuern wir die Qualität der Ge-

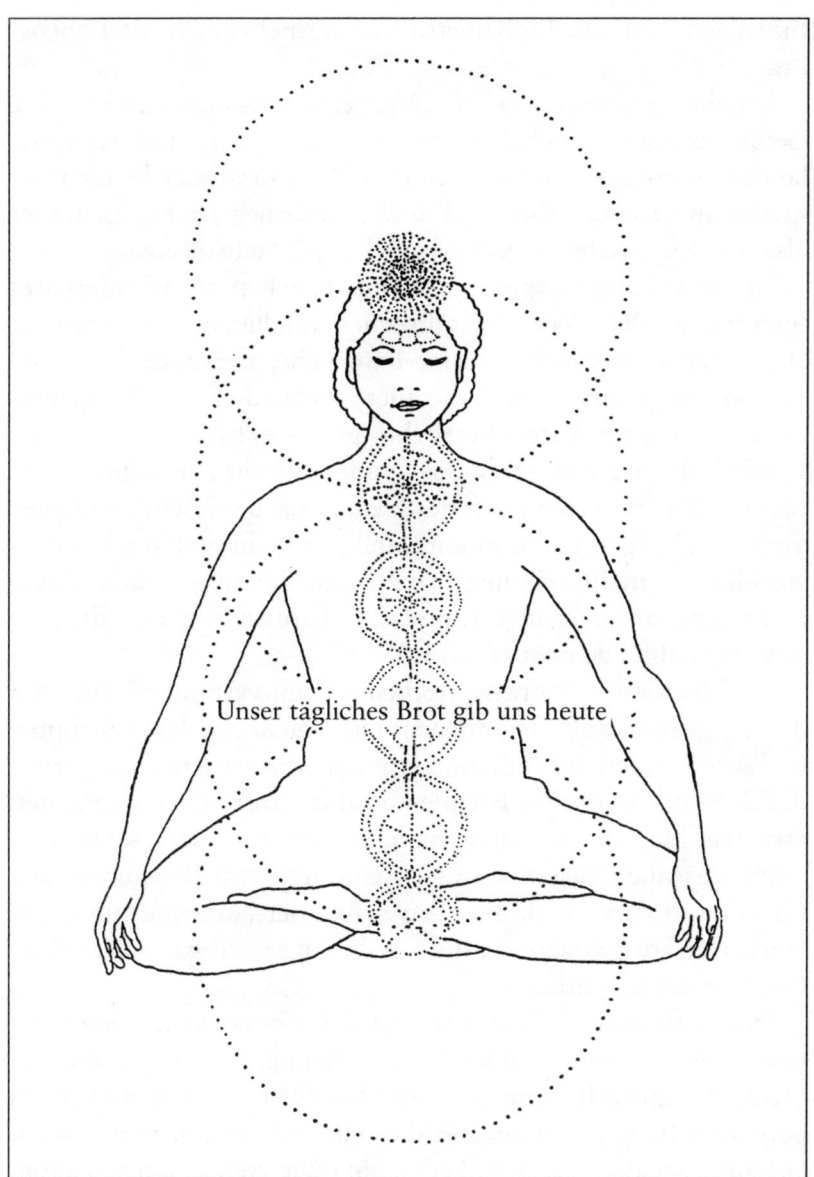

Unser tägliches Brot gib uns heute

fühle. Sind sie von Liebe getragen, vermehrt sich die Lebenskraft.

Es gehört zu unserer Lebensaufgabe, ständig daran zu arbeiten. Gefühle müssen aufrichtig wahrgenommen werden. Unterdrückte, langanhaltende, negative Gefühle sind die krankmachenden Ursachen in unserem Körper. Ein Wutausbruch ist viel gesünder als eine den falschen Frieden bewahrende Selbstkontrolle!

Der physische Körper wurde uns geliehen als wunderbares Instrument, die Ideen der göttlichen Intelligenz zu verwirklichen. Der Körper braucht eine natürliche, wertvolle Nahrung, die die Erdenmutter durch die alles belebende Kraft des Lichtes des Himmlischen Vaters hervorbringt.

Wir selbst werden durch das Sonnengeflecht zur Sonne, wenn wir uns öffnen für die Kraft des Lichtes aus der höchsten Quelle. Sie entfacht in uns die innere Helligkeit, die wir nach außen strahlen. Je mehr wir uns öffnen und davon erhalten, desto mehr wird unsere ganze Umgebung bereichert durch die von uns ausstrahlende positive Kraft.

Ein blockiertes Sonnengeflechtszentrum verhindert den Fluß der Integration auf allen Ebenen. Die Offenheit, das Annehmen und Anerkennen der Individualität der Mitmenschen ist getrübt durch Kritik und abwehrende Gefühle. Anstelle eines eigenen Strahlens wie die Sonne wird man eher zu einem schwarzen Loch, das alles Negative in sich einsaugt. Auf der materiellen Ebene wird dann auch die Verwertung der Nahrungsmittel gestört. Der Stoffwechsel in der Verdauung ist abhängig von der Qualität der Gefühle.

Durch die beseelte Bitte *unser tägliches Brot gib uns heute* erflehen wir nicht nur die leibliche Nahrung. Wir brauchen Sein Licht, das uns erfüllt mit innerer Helligkeit, die wir erleben als Lebenskraft und Freude und die wir nach außen verströmen. Genauso wie der physische Leib nicht ohne Nahrung leben kann, verkümmert die Seele ohne Nahrung aus der höchsten Ebene des Himmlischen Vaters. Mit dieser VATERUNSER-Meditation öffnen wir uns immer mehr. Licht und Liebe vermehren sich in uns. In dem Maße wie wir lieben, in dem Maße erkennen wir Gott in uns.

Das Sonnengeflechtszentrum vibriert in der Farbe Gelb, der Farbe des Sonnenlichtes. Es ist das Licht, das die Kräfte der Mutter Erde zur Entfaltung bringt, lebendig macht, die Materie durchdringt. In seiner Bewegung ist Gelb verstrahlend, exzentrisch, es versucht den Raum zu durchdringen. Gelb ist die Farbe der geistigen Inspiration, der Ideen. Gelb sind die reifen Kornfelder, die uns unser tägliches Brot schenken.

Das Sonnengeflecht ist im physischen Körper der Bauchspeicheldrüse zugeordnet und steuert maßgebend die Verdauung der zugeführten Nahrung. Diese Drüse produziert unter anderem das Hormon Insulin, das für das Blutzuckergleichgewicht und den Kohlehydratstoffwechsel von größter Bedeutung ist. Der untere Rückenteil, die Bauchhöhle, der Magen, die Leber, die Milz, die Gallenblase und das ganze vegetative Nervensystem werden durch dieses Chakra mit Energie versorgt.

Gib uns heute unser tägliches Brot. Wir erbitten neben der Nahrung für unseren Körper auch Nahrung für die Seele, unseren feinstofflichen Körper. Wir bitten um die alles verwandelnde Lichtkraft, aus der wir die Leichtigkeit des Daseins erleben dürfen.

Jesus sagte: »Mühet euch nicht um die Speise, die vergänglich ist, sondern um die Speise, die ins ewige Leben anhält.«

»Wahrlich, wahrlich, ich sage euch: Nicht Moses hat euch das Brot vom Himmel gegeben, sondern mein Vater gibt euch das wahre Brot vom Himmel. Denn Gottes Brot ist das, das vom Himmel kommt und gibt der Welt das Leben.« (Johannes 6,27–35)

Vergib uns unsere Schuld,
wie auch wir vergeben unseren Schuldigern

Dieses Mantra lenken wir in das *Sakral- oder Sexualchakra*. Mit unserem Bewußtsein begeben wir uns vom Kreuz her nach vorn in die untere Bauchgegend.

Dieses Energiezentrum stimuliert unsere ursprünglichen Gefühle, die Sinnlichkeit und die Erotik. Die Begeisterungsfähigkeit, das Staunen, das Erleben mit unseren irdischen Sinnen wird von hier aus gesteuert. Wir erfreuen uns an der irdischen Welt und an ihren mannigfaltigen Formen und Farben. Durch dieses heilige Zentrum werden wir selbst zum Schöpfer, indem wir fähig sind, Kindern das Leben zu schenken.

Das Sakralchakra hat eine Resonanz zum Stirnchakra. Im Stirnchakra erleben wir das Einströmen des Lichtes in die Materie. In den Dingen erkennen wir Seinen Namen. Es ist das Prinzip des sich Verströmens, das die beiden Chakras gemeinsam haben. Im Stirnchakra sind es unsere Gedankenenergien, die aufgenommen und ausgesandt werden. Im Sakralchakra kommt die leibliche Wirkungskraft zur Entfaltung. Wir treten aus der Ich-Verhaftung heraus und wenden uns hin zum Du. Wir verschenken, verströmen uns in der sexuellen Vereinigung.

Nach dem Willen der All-Liebe, aus der die kosmische Intelligenz in allem wirkt, sind seine Geschöpfe glücklich und erfüllt mit Lebensfreude. Sie weiß aber auch um die Schwierigkeit, die das irdische Dasein enthält, welche Fehlhaltungen den Menschen oft daran hindern, ein glückliches Leben zu führen.

Wir sind in die Polarität der Materie inkarniert, weil unsere Seele in diesem Dasein sich weiterentwickeln will und noch etwas zu lernen hat. Immer wieder sind wir es selbst, die den Zugang zur göttlichen Seinsebene trüben. Gott ist immer da, nur wir entfernen uns von ihm. Es sind die falschen Bilder, die wir von uns selbst machen. Statussymbole, Imponiergehabe werden zu unseren Götzen. Sie treiben uns in eine übertriebene Hektik und Aktivität und verhindern die Begegnung mit dem wahren inneren Selbst.

Ein blockiertes Sexualchakra bringt den Menschen um die ursprünglichen kreativen Lebensfreuden. Die Begeisterungsfähigkeit ist getrübt. Die falschen Bilder von uns selbst und von den anderen behindern die Verschmelzung im Du.

Wir öffnen das Zentrum der Liebesfähigkeit mit der Bitte:

Vergib uns unsere Schuld, wie auch wir vergeben unsern Schuldigern.

Es wäre ein großes Mißverständnis, anzunehmen, daß eine Schuld in der menschlichen Sexualität zu finden wäre. Im Gegenteil: Die All-Liebe möchte die Voraussetzung schaffen für ein erfülltes Zusammensein. Dieses liegt im Verzeihen und in der Selbsterkenntnis. Die Sexualenergie ist eine kräftige, wunderbare Energie. Sie kann höchste Transzendenz vermitteln. Über den Eros kann vermehrt Lichtenergie aus den oberen Chakras einströmen, wenn sie geöffnet sind. Dann überschreitet der Mensch die eigene Begrenztheit, die ihm der physische Leib auferlegt. Es findet eine allumfassende, liebende Berührung zur obersten Quelle des Lichtes statt. Vollkommene Verschmelzung

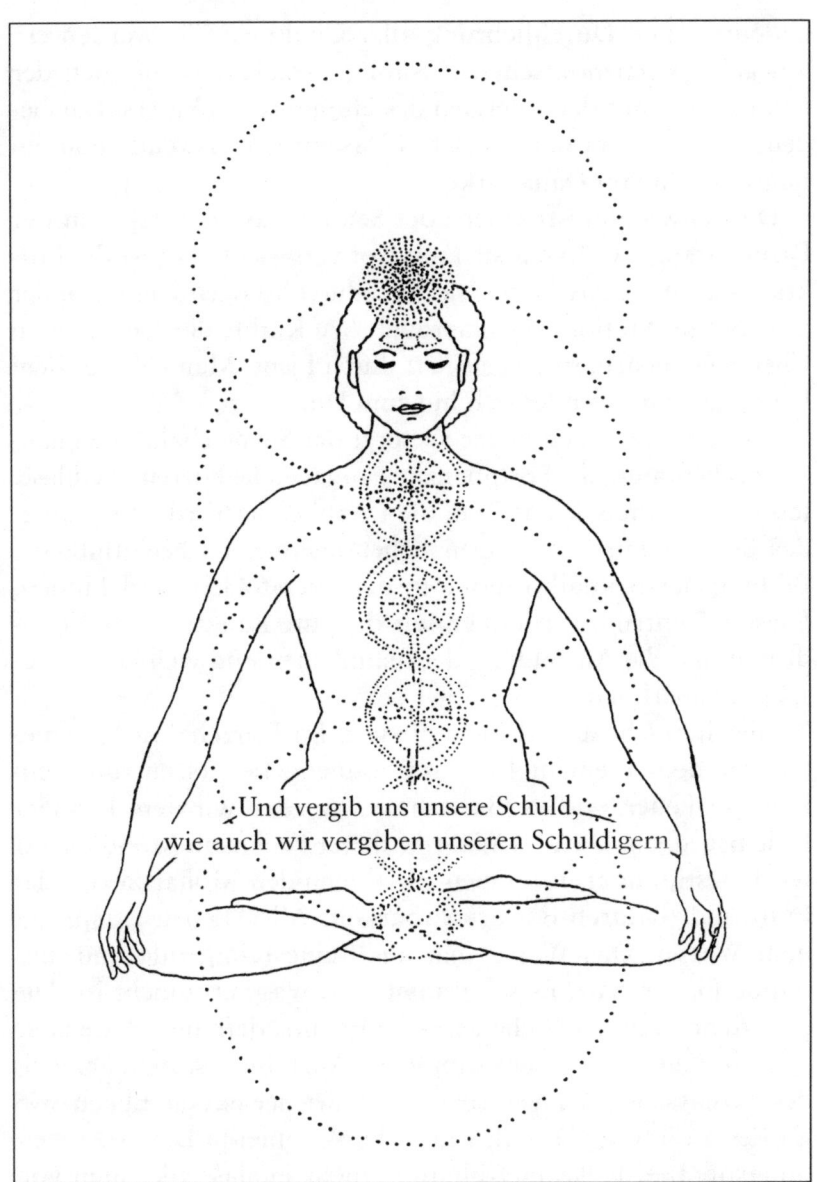

Und vergib uns unsere Schuld,
wie auch wir vergeben unseren Schuldigern

bedeutet auch Durchlichtung aller Chakras. Wir werden ein Spiegel des harmonischen Zusammenspiels der Energien der Mutter Erde mit den Energien des Himmlischen Vaters. Das bedeutet für uns ein harmonisches Dasein, Lebensfreude und ein tiefes Gefühl von Dankbarkeit.

Die Schwingungsfrequenz des Sexualchakras entspricht der Farbe Orange. Gelb hat sich mit Rot vermischt. Rot ist die Erdkraft aus dem Basischakra; sie wird durchdrungen von Gelb, der geistigen Inspiration. Die ursprünglichen Kräfte, die dem Ich zum Überleben dienen, sind verfeinert durch Licht. Man tritt aus dem Ich heraus und wendet sich hin zum Du.

Auf der physischen Ebene versorgt das Sexualchakra den ganzen Beckenraum, die Fortpflanzungsorgane, die Nieren, die Blase, ferner alle Säfte wie das Blut, die Lymphe, die Verdauungssäfte, das Sperma mit der nötigen Lebensenergie. Es beeinflußt die Bildung der Sexualhormone in den Eierstöcken und Hoden. Diesem Zentrum verdanken wir die gute Funktion der Keimdrüsen und die Ausbildung der männlichen und weiblichen Geschlechtsmerkmale.

Hier herrscht das Element Wasser. Im Herzchakra begegneten wir dem Element Luft, im Sonnengeflechtszentrum dem Element Feuer, und im Basischakra werden wir dem Element Erde begegnen. Da alles Wäßrige dieser Erde vom Mond regiert wird, bestimmt er mit seinen Rhythmen den Monatszyklus der Frau und dadurch die Fruchtbarkeit. Alles Leben entspringt dem Wasser. Das Wasser hat auch eine reinigende und läuternde Eigenschaft. Es schwemmt fort, was verbraucht ist. Die entgiftenden und ausscheidenden Organe Niere und Blase werden über dieses Zentrum stimuliert. Auch hier ist die Fähigkeit des Loslassens und Verzeihens auf der seelischen Ebene von großer Bedeutung für das gute Funktionieren der Ausscheidungsorgane. Falsches Anhaften, nicht Loslassenkönnen von

Der kosmische Mensch

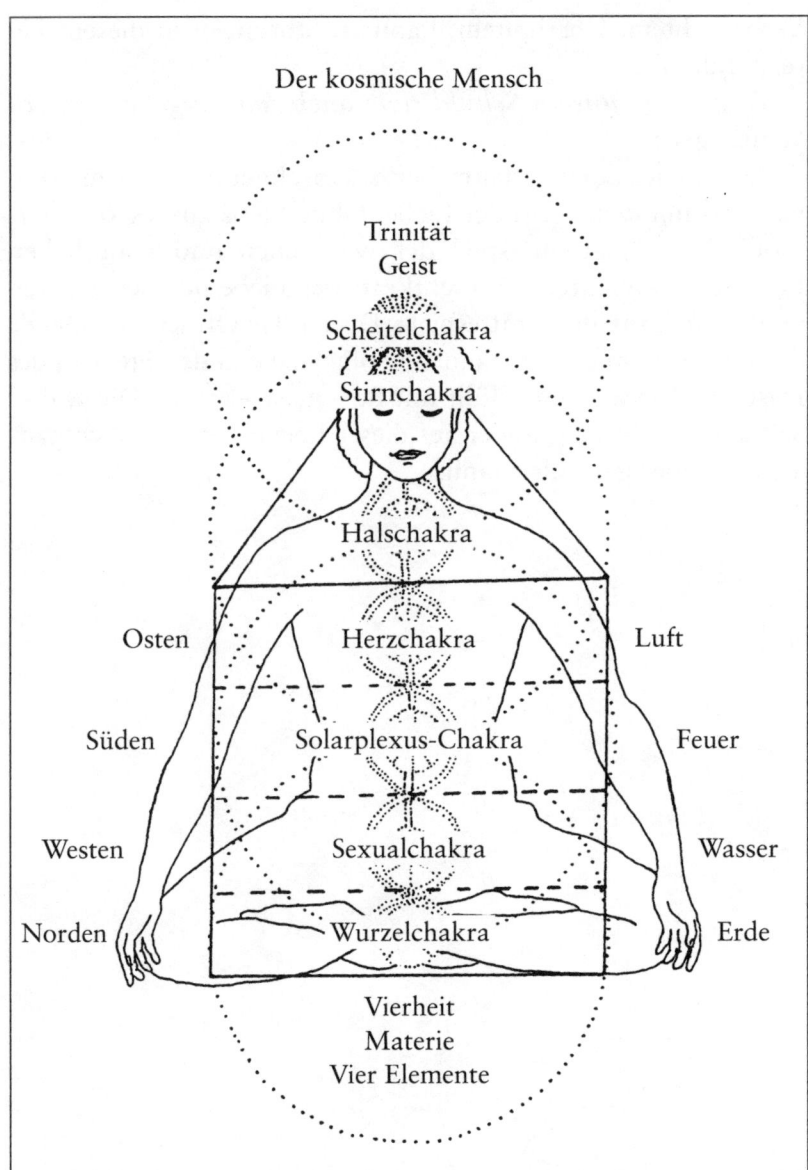

Trinität
Geist
Scheitelchakra
Stirnchakra

Halschakra

Osten — Herzchakra — Luft

Süden — Solarplexus-Chakra — Feuer

Westen — Sexualchakra — Wasser

Norden — Wurzelchakra — Erde

Vierheit
Materie
Vier Elemente

Verbrauchtem, Überholtem, kann zu Störungen in diesem Bereich führen.

*Vergib uns unsere Schuld, wie auch wir vergeben unsern
Schuldigern.*

Ein offenes Sexualchakra heißt: Durchlichtung der unteren
Chakras mit dem Licht der Liebe. Ohne Liebe gibt es kein harmonisches Zusammenspiel der weiblichen und männlichen
Energien. Nur durch die Lichtkraft der Liebe nehmen wir teil
an diesem Tanz des Kräftespiels. Durch das Öffnen zur Quelle
des Lichtes können wir staunend teilnehmen an den Freuden des
Daseins. Wir werden erfüllt mit Be – geist – erung. Die wahre
Selbstverwirklichung findet auf dieser Ebene statt, nämlich ganz
als Frau oder ganz als Mann.

»Wer da hingibt – der empfängt,
wer sich selbst vergißt – der findet,
wer verzeiht – dem wird verziehen,
und wer da stirbt – erwachet zum ewigen Leben.«

Franziskus von Assisi

Führe uns nicht in Versuchung,
sondern erlöse uns von dem Bösen

Wir begleiten die Schwingungskraft dieses Mantras in das *Basis-* oder *Wurzelchakra*. Vom Steißbein dehnt es sich aus zum Beckenboden durch die Füße hinunter zur Erde.

Das Basischakra stellt die Verbindung zur Erdkraft her. Wir fühlen hier die Verwurzelung mit der Erde. Aus ihr sind wir gemacht, und der Körper geht wieder zu ihr zurück, wenn der feinstoffliche Körper den Leib verläßt.

Wir erleben hier die ursprüngliche Beziehung zur materiellen Welt. Das Basischakra stimuliert diejenigen Kräfte, die wir zum Leben brauchen. Es sind die Ich-Bedürfnisse. Das Vertrauen in die Kräfte des natürlichen Kreislaufs gibt dem Menschen Standfestigkeit. Ein waches Interesse besteht allem gegenüber, was das Leben bereit hat in seiner ganzen Fülle. Hier besteht die tiefste Verbundenheit mit der Materie.

Die größte Gefahr für den Menschen besteht darin, daß er die geistigen Gesetze hinter der Materie nicht erkennt. Er glaubt nur an das, was er mit den Sinnesorganen wahrnimmt. Er erkennt nur die dunkle Seite des sich manifestierenden Gottesfunkens. Die Verbindung zur spirituellen Lichtquelle ist verschlossen. Unbelichtete Materie ist ohne Liebe, die Verweigerung dem Lichte gegenüber bedeutet Dunkelheit.

Führe uns nicht in Versuchung, sondern erlöse uns von dem Bösen

Ein blockiertes Basischakra ist die Ursache von vielen Versuchungen. Es besteht die Bereitschaft, sich in der Dunkelheit zu verirren. Die Sinne sind nur auf das Stoffliche gerichtet. Das ganze Denken ist auf die Befriedigung der körperlichen Bedürfnisse wie Essen, Trinken, sexueller Triebe, Prestige, Macht usw. ausgerichtet. Wut und Aggressionen sind die häufigsten Zustände bei einem blockierten Basischakra. Wenn diese primären Gefühle verdrängt werden, breiten sich Ängste aller Art aus oder auch Depressionen. Es herrscht Dunkelheit in unserer Seele.

Führe uns nicht in Versuchung durch Deine materielle Form. Erlöse uns von der Dunkelheit der Lieblosigkeit.

Wenn die Chakras aber alle geöffnet sind, fließt Lichtkraft aus der obersten Quelle und vereint sich mit der Basiskraft der Erde. Wir erkennen die spirituelle Seite des Daseins. Die Kraft der Liebe veredelt alle Bedürfnisse des Körpers. Ein harmonischer Energiefluß schenkt körperliches und seelisches Wohlbefinden, und daraus resultiert eine ruhige, kontemplative Lebenshaltung. Viele Probleme, die durch die übertriebene Hektik entstanden sind, verschwinden.

Im Basischakra hat die kraftvolle Kundalini-Energie ihren Ausgangspunkt. Diese Kraft wird als zusammengerollte Schlange dargestellt. Es ist die weibliche Kraft der Erdenmutter, die sich emporhebt. Findet diese Kraft alle Chakras geöffnet und geläutert, fließt sie durch alle Chakras hinauf und vereinigt sich mit der höchsten Lichtquelle. Dieses Ereignis bedeutet für den Betroffenen eine unbeschreibliche Ekstase von Glückseligkeit, verbunden mit Lichtvisionen von hellster, weißer Farbe. Diese Ver-

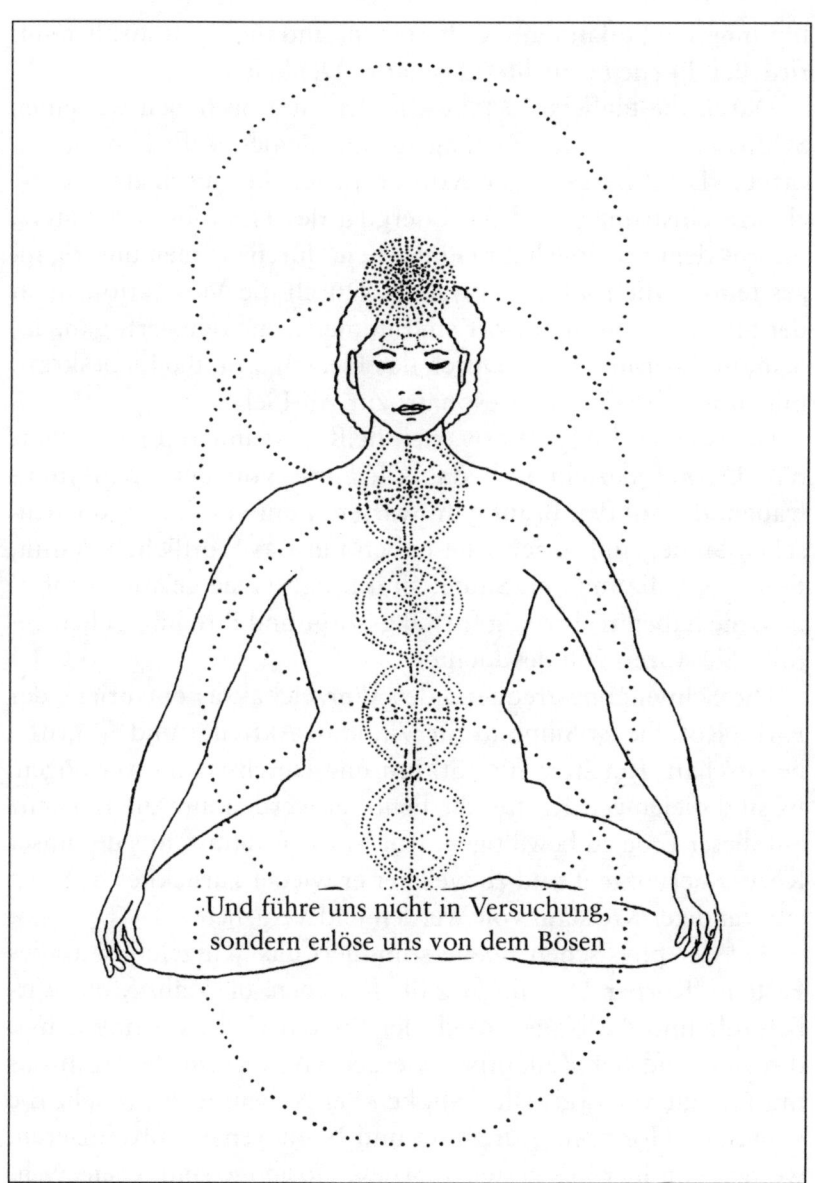

Und führe uns nicht in Versuchung,
sondern erlöse uns von dem Bösen

bindung bleibt dann immer bestehen, und die Kraft aus der spirituellen Ebene befruchtet das ganze Denken.

Durch die tägliche VATERUNSER-Meditation haben wir einen Schlüssel, der uns den Zugang zur Quelle des göttlichen Lichtes öffnet. Die Energien der Mutter Erde, die durch das Basischakra einströmen und die Energien des Himmlischen Vaters, die aus dem Scheitelchakra einfließen, durchströmen unser ganzes feinstoffliches Energiesystem. Durch die Meditation fließt der Strom harmonisch; wir sind immer mehr zentriert, ganz im Sein, im Hier und Jetzt. Durch das Herzchakra, die Liebeskraft, bilden wir die stärkste Resonanz zur All-Liebe.

Christus in der Seele erwarten heißt, das innere Licht erwarten. Darauf bezieht sich das Gleichnis von den zehn Jungfrauen, die auf den Bräutigam warten. Fünf von ihnen, die irdischen Sinne, sind töricht, sie haben nur das Stoffliche erkannt. Fünf aber, die inneren Sinne, sind klug, da sie geistig empfinden. Sie haben rechtzeitig für Öl gesorgt und ihre Lämpchen gefüllt. Sie waren voll des Lichtes.

Die Schwingungsfrequenz des Wurzelchakras entspricht der Farbe Rot. Sie ist Sinnbild für Vitalität, Aktivität und Angriffsbereitschaft. Rot steht für Tatkraft und Durchsetzungsvermögen. Es sind diejenigen Kräfte, die benötigt werden, um die Existenz auf dieser Erde zu bewältigen. Rot ist die Erdkraft, aus der unser Körper hervorgeht und zu welcher er wieder zurückkehrt. Es ist ein ständiger Kreislauf von Werden und Vergehen.

Auf der physischen Ebene stimuliert das Wurzelchakra alles Feste im Körper. Dies umfaßt die Knochen, die Zähne, die Wirbelsäule und die Nägel. Auch der Enddarm, die Prostatadrüse, das Blut und der Zellaufbau werden von diesem Zentrum aus mit Energie versorgt. Die Tätigkeit der Nebennieren, welche die wichtigen Hormone Adrenalin und Noradrenalin produzieren, werden von hier aus gesteuert. Diese Hormone sind lebenswichtig, sie geben die Bereitschaft zur Aktion und Reaktion. Auch das Temperaturgleichgewicht des Körpers hängt von der Tätigkeit der Nebennieren ab.

Man könnte die sieben Chakras mit den Saiten eines Musikinstrumentes vergleichen: Die gröberen Saiten erzeugen tiefe Töne, die feineren die höheren Töne. Im Wurzelchakra herrscht die niederste Schwingungsfrequenz, der tiefste Ton. Je höher wir steigen, desto höher werden die Töne. Durch den Fluß der Energien erzeugen wir eine himmlische Musik. Sollte eine Saite verstimmt sein, haben wir durch unsere Meditation eine wunderbare Möglichkeit, alle Saiten wieder zu einer wohlklingenden Harmonie einzustimmen. Diese himmlische Harmonie äußert sich als Lebensfreude und tiefer Frieden. Körperliches und seelisches Wohlbefinden breiten sich aus.

C. G. Jung sagte: »Was man fast als systematische Blindheit bezeichnen könnte, ist lediglich die Folge des Vorurteils, daß sich Gott außerhalb vom Menschen befindet.«

Alles ist im Menschen enthalten. Er ist ein Spiel der großen kosmischen Gesetze. Makrokosmos und Mikrokosmos vereinen sich im Wesen Mensch.

Farbenpracht macht blind
des Menschen Aug.
Klangreichtum macht taub
des Menschen Ohr.
Feinschmeckerei macht schal
des Menschen Mund.
Hetzen und Jagen machen toll
des Menschen Herz.
Schwer erlangbare Güter verwirren
des Menschen Wandel.

Darum der Weise:
wirkt für das Innere, nicht für das Äußere.

Das eine laß, das andere erfaß!

Lao Tse[10]

Denn Dein ist das Reich

Mit diesem Mantra verweilen wir mit unserem Bewußtsein im Wurzelchakra, spüren die Verbindung zur Erdkraft durch unsere Füße und durch die Sitzfläche.

Die Schwingungskraft der Mantras des VATERUNSERS hat alle Chakras aktiviert, und jetzt bereiten wir uns vor, die Energien aus dem Reich der Erde hinaufzuziehen und zu vereinen mit der Kraft des Lichtes, das durch das Scheitelchakra einströmt.

Die Füße sind unsere Wurzeln zur Erde. Alle feinstofflichen Bahnen, die unseren Körper durchziehen, enden an den Fußsohlen. Die Fußsohlen spiegeln den ganzen Menschen. Jedes Körperorgan kann über die Fußsohle stimuliert werden. Geben wir dieser wichtigen Berührungsfläche immer wieder Gelegenheit, direkt mit der Erde in Verbindung zu kommen. Wenn es nicht körperlich möglich ist, können wir es mit unserem Bewußtsein tun.

Dein ist das Reich. Es ist das Erdenreich, das der Schöpferimpuls geschaffen hat in Seinem Namen. Durch die Brechung Seines Lichtes in die unterschiedlichsten Schwingungsfrequenzen ist das Reich der Materie geworden, in das wir inkarniert sind. (Siehe Abb. 6) Wir erkennen den Urgrund allen Seins und preisen Seine ganze Schöpfung, Sein Reich.

Wir lenken die Aufmerksamkeit in die Mitte des Bauches, in das Hara-Zentrum. Hier schöpfen wir die vitalen Kräfte und durchwärmen unseren Körper.

Wir sind Teil des Erdenreiches, welches endlich ist. In Verbindung mit der Kraft des Himmlischen Vaters werden wir zu Seinem Reich. Sein Reich ist unendlich, denn Seine Kraft ist von einer andern Beschaffenheit. Es ist feinste Lichtkraft, die an keinen Raum und an keine Zeit gebunden ist.

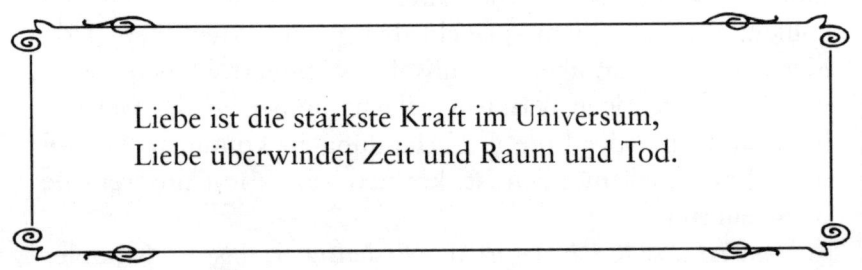

Liebe ist die stärkste Kraft im Universum,
Liebe überwindet Zeit und Raum und Tod.

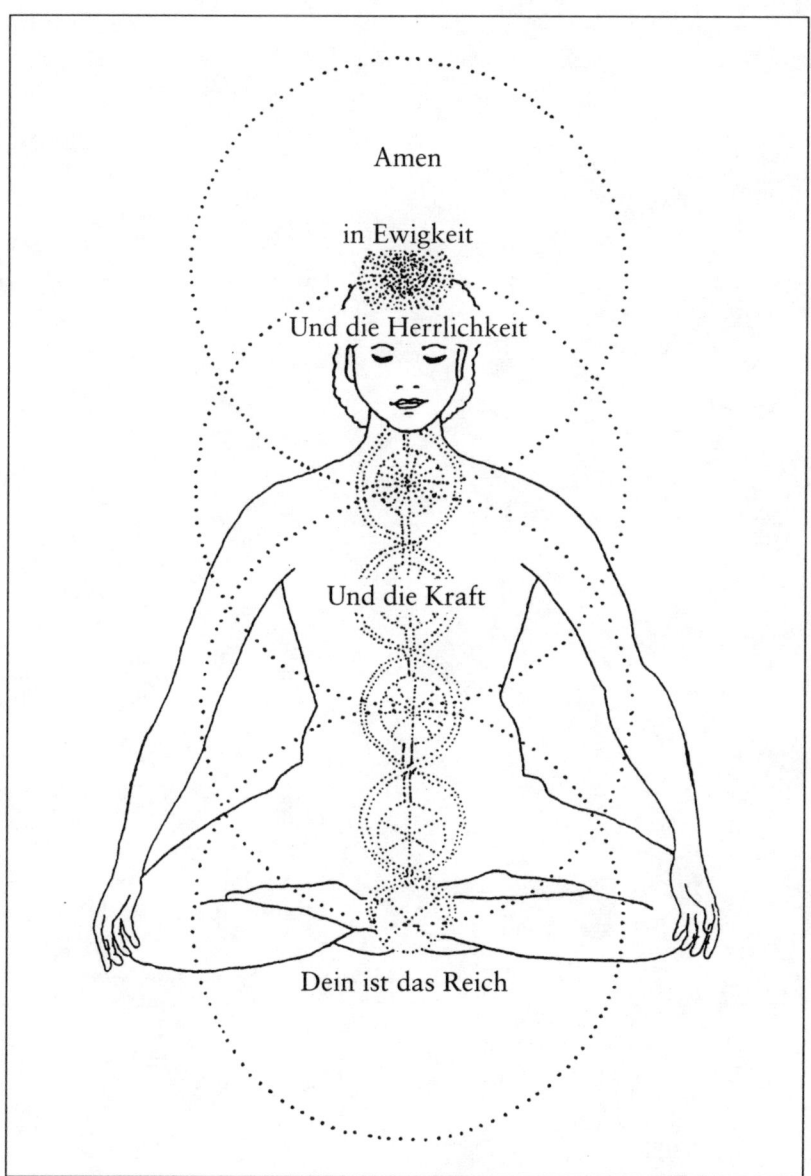

Amen

in Ewigkeit

Und die Herrlichkeit

Und die Kraft

Dein ist das Reich

Und die Kraft

Mit diesem Mantra verlassen wir die Beckengegend und begleiten die Energien aus der Erde nach oben. Wirbel um Wirbel ziehen wir sie hinauf ins Herzchakra. Dort verweilen wir, im Zentrum der Liebe.

Das niedere Selbst aus den Erdkräften vereint sich hier mit dem Höheren Selbst aus der höchsten Lichtquelle. Hier ist der Kreuzungspunkt vom Ich und dem All. (Siehe Abb. 7) Ein Wirbel von Energien verströmt sich genauso, wie wir es im physischen Leib vor Augen haben. Das Herzorgan mit den spiralförmigen Muskelsträngen pumpt als zentrales Organ das Blut, unseren Lebenssaft, in alle Körperstellen, nach unten und nach oben und von oben nach unten. Das ist der materielle Ausdruck für das, was sich im feinstofflichen Körper abspielt.

Die lebensnotwendige Nahrung der Seele ist die Liebe. Sie ist die stärkste Kraft, Seine Kraft. Aus Liebe hat Er seinen Sohn geschickt. Seine Kraft ist zum Sohn geworden. Durch die Kraft der Liebe sind wir selbst Träger des Erlösungsgedankens. Die Materie wird transzendiert; Lichtkraft dehnt sich aus und führt uns hin zur Quelle des ewigen Daseins.

»Niemand kommt zum Vater als durch mich.«

Nur über die Liebe des Herzens ist die Verbindung zum ewigen Sein möglich. Wir sind Träger des Christus-Lichtes in dieser Welt durch die Kraft des Herzens.

Das Herzchakra wird als zwölfblättrige Lotosblüte dargestellt. Jesus hatte zwölf Apostel um sich. Alles besteht aus der Wirkungskraft der Trinität, die man als Dreieck darstellt. Vier ist der Inbegriff der Materie, die aus den vier Elementen gewoben ist. Legt man vier Dreiecke übereinander, bekommen wir den Zwölfstern, ein wunderbarer Ausdruck der kosmischen Gesetze, die alle Ebenen gestalten.

»Ich bin das Licht der Welt«. Mit dieser Aussage bezeugt Jesus, daß er als Gesandter der Lichtkraft des Himmlischen Vaters kam. Durch unsere eigene Liebe sind wir Träger der Lichtkraft. Das Christus-Licht ist in allem; mit einem offenen, von Liebe erfüllten Herzchakra offenbart sich dieses Licht. Wir werden selbst, durch die Liebeskraft, eine Resonanz der höchsten Lichtquelle. Die süßlichen Darstellungen von Jesus mit dem entblößten Herzen sind doch, auch wenn diese Bilder heute als kitschig empfunden werden, Ausdruck eines Wissens um diese inneren Zusammenhänge.

Die Herzenskraft ist an keine Dogmen gebunden. Sie ist Gottesbegegnung, frei und individuell. Sie ermöglicht eine liebevolle Begegnung mit allen Mitmenschen, achtet jeden Menschen als Träger der Lichtkraft, unabhängig davon, zu welcher Religionsgemeinschaft er sich zugehörig fühlt. Die mystische Verschmelzung mit der Liebeskraft Gottes umfaßt alles Geschaffene.

Elemente und Zodiak

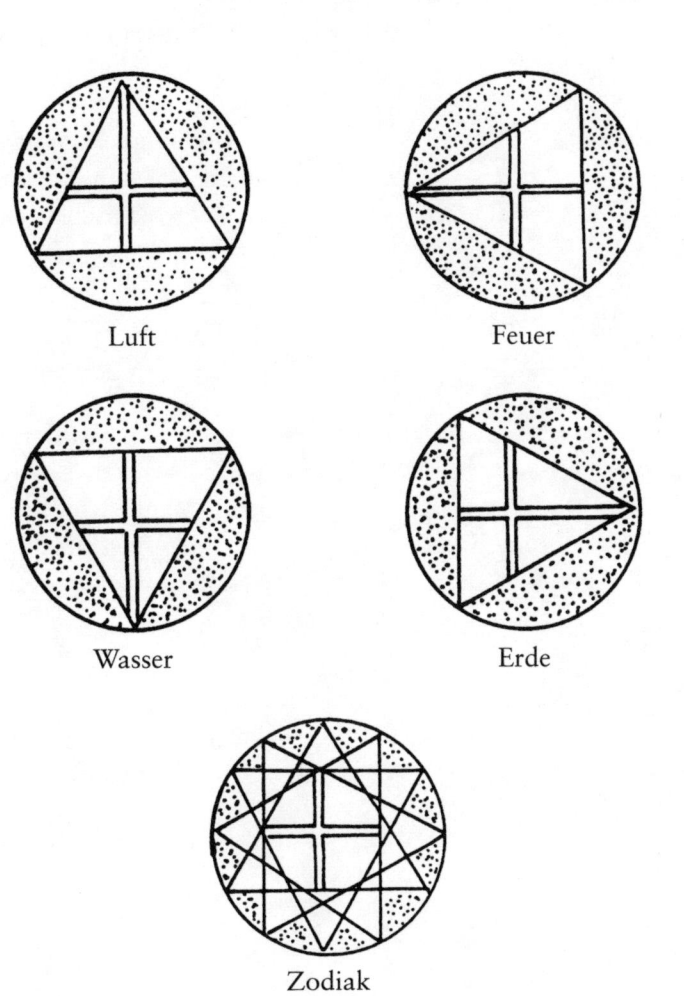

Luft

Feuer

Wasser

Erde

Zodiak

Und die Herrlichkeit

Mit diesem Mantra entfernen wir uns langsam aus dem Brustraum und begleiten unser Bewußtsein hinauf in die Stirnmitte,
etwas oberhalb der Nasenwurzel. Wir befinden uns im Dritten
Auge.

Von diesem Punkt aus werden wir sehend. Hier nehmen wir
staunend Anteil an den Herrlichkeiten des Verborgenen. Wir
sehen in die Tiefe der feinstofflichen Vorgänge. Was sich zu Beginn leise als Farbe zeigt, wird mit der zunehmenden Verfeinerung des Lichtkörpers immer deutlicher. Wir sehen die Chakras
mit ihren pulsierenden, sich stetig bewegenden Lichtspielen.
Durch das Hineinsehen in subtilere Ebenen, sei es mit geschlos-
senen Augen in der Meditation oder mit offenen Augen als
Wahrnehmen der Aura oder des weißen Lichtes, das aus allem
strahlt – immer stellt es eine tiefe Verbundenheit dar zur All-
Liebe, zum Himmlischen Vater oder zum inneren Geliebten.

Durch dieses Öffnen sind uns keine Grenzen mehr gesetzt.
Durch ein beseeltes Visualisieren sind wir in der Lage, Materie
zu beeinflussen. Wir können kranken Menschen helfen, indem
wir sie gedanklich befreien von Schmerzen oder von anderen
Übeln. Wir können Heilkräfte aussenden in die Natur und zu
allen Kreaturen. In Verbindung mit der All-Liebe können wir in

der Stille Großes bewirken. Die Wirkungsenergie ist Liebe, sie verströmt sich. Sie kann nicht wirken, wenn das Wirken auf die Befriedigung egozentrischer Bedürfnisse hinzielt.

Wir öffnen die inneren Sinne und nehmen staunend Anteil an Seiner Herrlichkeit. Erahnen wir erst einmal die inneren Zusammenhänge der Dinge, wird das alltägliche Leben zu einem aufregenden Erlebnis. Der Schöpfer hat uns als freudige Wesen geschaffen. Wir haben oft bloß verlernt, mit offenen Augen durch die Welt zu gehen, weil sich unser Denken zu sehr in die Materie verstrickt hat. Durch die Meditation entfalten wir die inneren Sinne, damit wir teilhaftig werden an Seiner Herrlichkeit.

In Ewigkeit

Mit diesem Wort lenken wir das Bewußtsein zum obersten Punkt unseres Kopfes. Hier ist der Berührungspunkt des Göttlichen mit dem Menschen. Durch diese Pforte fließt uns die hellste Lichtkraft aus der Kausalebene oder aus der spirituellen Ebene zu. Sie erfüllt uns mit Lebenskraft, die unsere Seele und unseren Leib stärkt und ein Heilsein bewirkt, das uns wie einen Schutzmantel umhüllt. Hier berühren wir die Einheit, die außerhalb von Raum und Zeit ist, Vater-Mutter-Gott. Es ist die Ebene der absoluten Vollkommenheit. Die bedeutet Auflösung der Materie und Rückführung zur ungetrübten, hellsten Lichtkraft. Hier nähern wir uns der aufblitzenden Möglichkeit höchster Ekstase von Freude und Liebe.

Es ist die Ebene des Himmlischen Vaters, die Einheit aller Dinge. Durch das Aussenden Seines Lichtes in Myriaden von Schwingungsmustern und durch das stete Befruchten der Erdkräfte entsteht das große tanzende Spiel der Atome. Wir sind eingebettet in diesen wunderbaren Tanz der Naturgesetze.

Die Seele wählt bei der Inkarnation diejenigen Schwingungsmuster aus, durch die sie die bevorstehenden Aufgaben am besten lösen kann. Manchmal nimmt sie sich Schweres vor, manchmal ist der Lernprozeß ohne großen Leidensdruck zu bewältigen.

Die Seele trifft die Auswahl der Eltern und die Umgebung, in der sie sich entfalten möchte. Das Ziel jeder Inkarnation ist es, ein Wegstück weiterzukommen in der seelischen Vollkommenheit.

Wie die Flamme der Kerze immer nach oben strebt, zieht es die Seele hin zur eigenen Kraftquelle. Es zieht sie hinauf zur Einheit, zur Urquelle allen Seins, zur All-Liebe, die in alle Ewigkeit währt. Dorthin kehrt die Seele zurück, wenn die Lebensaufgabe erfüllt ist.

Amen

Amen heißt: So sei es. Mögen sich alle Kräfte des Gesagten entfalten! Mögen die Preisungen und die Bitten erfüllt werden! Wir bekräftigen das Gesagte, die Tonschwingungen.

Das Amen entspricht dem östlichen Om. Diese heilige Silbe wird als Ursprung aller Dinge betrachtet. Es liegt in ihr eine subtile, ordnende Kraft. Die Schwingungskraft ergibt ein ganz regelmäßiges Yantra.

Töne vermögen Materie zu ordnen. Mit Hilfe eines Musikinstrumentes sind Experimente gemacht worden mit Sand, welcher sich durch die Töne zu harmonischen, geometrischen Mustern ordnete.

Wenn einer Silbe oder einem Wort eine beseelte Kraft innewohnt, wird es zum Mantra. Mantras erzeugen kräftige, ordnende Schwingungen, die eine Resonanz darstellen zur höchsten Lichtkraft. Die Ursprachen wie Sanskrit, Phönizisch, Althebräisch sind so gestaltet, daß der Buchstabe, die Zahl und das Wort den Aufbau der Schöpfung und das innere Wesen der Dinge spiegeln. Es sind die Sprachen mit der reinsten Schwingungskraft.

Die Schwingungskraft der Mantras der VATERUNSER-Meditation öffnet die Möglichkeit, die Seele in jene Vibration zu bringen, die hinführt zur höchsten Lichtquelle. Dies ist das Ziel der täglichen Meditation. Es ist der Weg zurück zum Ursprung, zum Grunde unseres innersten Selbst. In unserem innersten Selbst tragen wir den göttlichen Funken. Der ganze Reichtum liegt in uns selbst.

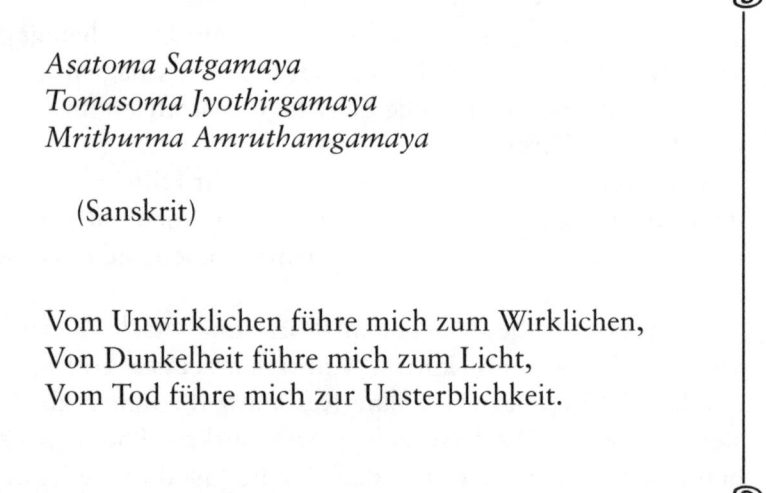

Asatoma Satgamaya
Tomasoma Jyothirgamaya
Mrithurma Amruthamgamaya

(Sanskrit)

Vom Unwirklichen führe mich zum Wirklichen,
Von Dunkelheit führe mich zum Licht,
Vom Tod führe mich zur Unsterblichkeit.

Das Kreuzzeichen

Mit dem Kreuzzeichen schließen wir den Kreis der positiv und negativ geladenen Energieebenen unseres Körpers. Durch die Berührung mit den Händen verbinden wir die oberen Chakras mit den unteren. Dieses Ritual hat eine starke innere Bedeutung.

Wir berühren das Stirnchakra, das Zentrum der Schöpferkraft

Im Namen des Vaters,

verbinden es mit dem Herzzentrum, der mystischen Personifizierung des Gottes-Sohnes, des Christus-Lichtes und der Liebe;

Und des Sohnes,

berühren horizontal die positiv und negativ geladenen Seiten des Halszentrums. Hier vernehmen wir die geistigen Inspirationen; wir hören nach innen und erfahren die Weisheit des Heiligen Geistes. Er ist Ausdruck in allen Naturgesetzen, Ausdruck der göttlichen Schöpferintelligenz, die in allem wirkt.

Und des Heiligen Geistes

Durch das Zusammenführen der Hände verbinden wir die Yin- und Yangkräfte, Ausdruck des schöpferischen Ausfließens ins Materielle. Wir verneigen uns demütig vor der All-Macht des Schöpfers.

Amen. So sei es.

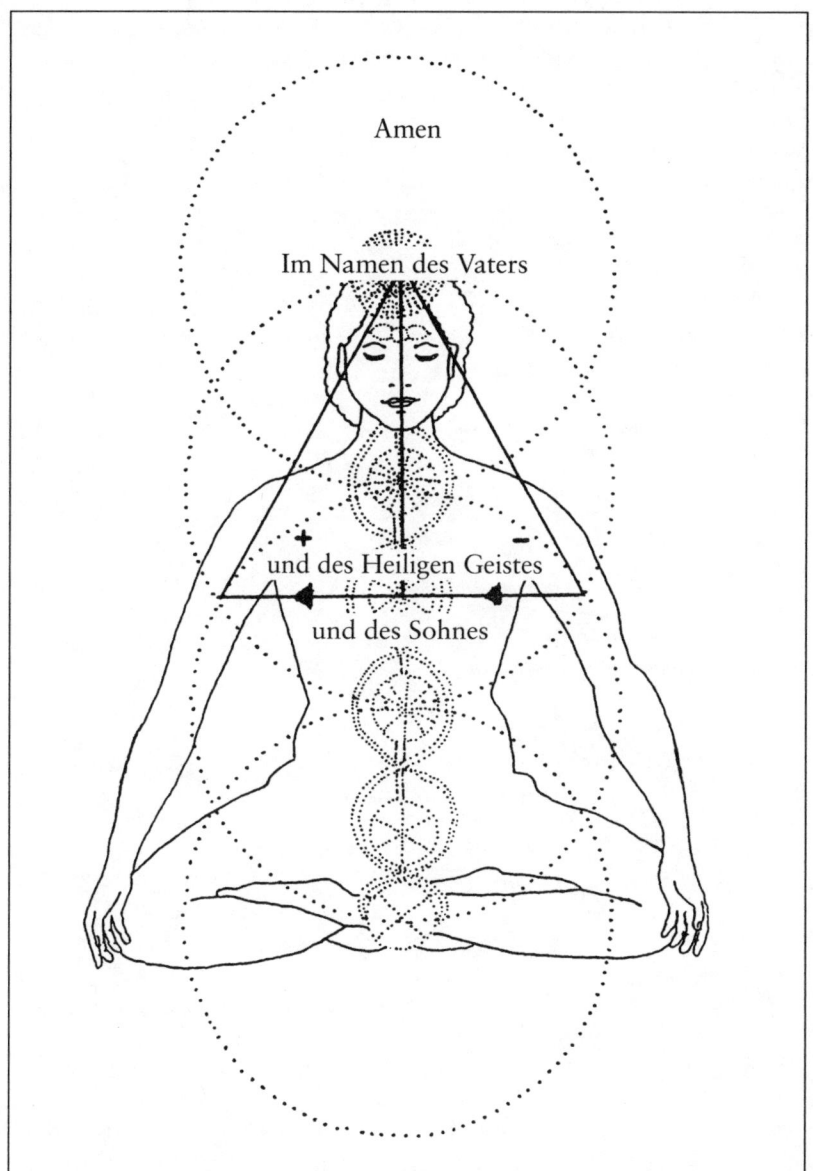

Auswirkungen
der täglichen Meditation

Die VATERUNSER-Meditation löst einen Wachstumsprozeß von innen heraus aus. Ganz langsam entfaltet sich nach und nach eine Seelenqualität nach der andern. Wie sich die Knospe einer Blüte durch die Einwirkung des Sonnenlichtes öffnet und die ganze Farbenpracht der Blume nach außen bringt, entfalten sich die Blüten der Chakras in ihren prächtigsten Farben durch das Einfließen des göttlichen Lichtes. Es ist ein Entwicklungsprozeß der ganzen Persönlichkeit.

Das bewußte Wahrnehmen der Geschehnisse im Alltag erweitert unser Bewußtsein. Eine tiefste Sinnfindung erhellt das Lebensziel. Die Grenzen des normalen Wachbewußtseins dehnen sich aus, denn die Wahrnehmungsfähigkeit wird gesteigert. Eine geistige Wachheit entsteht. Selbst das Schlafbedürfnis wird herabgesetzt, da man innerlich wacher wird. Eine kurze Meditation bringt das gleiche Maß an Erholung wie normalerweise ein paar Stunden Schlaf.

Es findet eine Verfeinerung des ganzen Wesens statt. Die Schwingungen der Umgebung werden klarer wahrgenommen. Die Gedanken, die Gefühle der Mitmenschen werden intuitiv wahrgenommen. Durch einen harmonischen Energiefluß wird man zunehmend befreit von den eigenen Blockaden. Ein tiefer Friede und Lebensfreude sind nun die Grundstimmungen des emotionellen Befindens.

Die Konzentrationsfähigkeit nimmt zu. Durch die Meditation sinken die Hirnfrequenzen zu Beginn in den Alpha-Zustand. Dieser Zustand weist auf eine entspannte geistige Wachheit hin. Sinken die Frequenzen noch tiefer, treten vermehrt Theta-Wellen auf. Das weist auf körperliche Ruhe und Wohlbefinden hin. Auf den Aufzeichnungen des Elektroenzephalogrammes (EEG) zeigen die Gehirnfrequenzen eine konstante, harmonische Ordnung. Beide Seiten pulsieren im Gleichtakt. Es herrscht Einheitlichkeit. Ein Informationsaustausch findet innerhalb der beiden Gehirnhälften statt; beide Seiten befruchten einander. Das hat eine zunehmende zentrierte Seelenhaltung zur Folge. Wir betrachten die Welt aus unserer Mitte. Diese Persönlichkeitshaltung verschafft uns eine große innere Freiheit. Wir werden nicht mehr getrieben von äußeren Umständen, sind nicht länger Spielball anderer Interessen. Indem wir zentriert sind, strahlen wir unsere Energie nach außen ab. Das gibt uns nicht nur einen großen inneren Freiraum, sondern auch die Möglichkeit, die eigene innere Führung klar zu erkennen, und den Mut, danach zu leben.

Eine innere Bereicherung findet statt. Immer klarer wird, daß die wahre Quelle der Freude in unserem Inneren liegt. Immer mehr erkennen wir den falschen Wert der Dinge dieser Welt. Diese Erkenntnis macht uns zu unabhängigen Menschen. Wir stehen nicht mehr unter dem Zwang von Prestige und Machtkampf, wohlwissend, daß nur der innere Reichtum die wahren Freuden bereitet. Ein kontemplativer, beschaulicher Lebensstil löst das hektische Treiben ab. Die innere Harmonie strahlt nach außen und beeinflußt die Umgebung positiv. Wir sind in Verbindung zur kosmischen Kraftquelle, der feinsten Lichtfrequenz. Sie durchdringt jeden Menschen, der sich dafür öffnet. Ruhe, Geborgenheit, Frieden und Lebensfreude sind der Lohn, der aus der Stille der Meditation fließt. Unser Alltag wird unendlich bereichert. Die Ruhe entfernt uns aber keineswegs von den Realitäten des Alltags, im Gegenteil: Wir erleben in den alltäglichen

Begebenheiten die unermeßlichen Verknüpfungen von innen und außen. Staunend und dankbar werden wir dasjenige betrachten, was uns zu-fällt. Es gibt keine Zufälle. Alles ist wohlgeordnet. Das Außen zeigt uns das Innere.

Jeder Mensch, der wahrhaft die Verbindung sucht zur All-Liebe, wird zum Mystiker. Unabhängig von dogmatischen Lehren, frei von Machtstrukturen, findet die Begegnung statt mit der höchsten Lichtkraft, mit dem Himmlischen Vater. Es gibt nur eine Bedingung: echte Suche, echtes Verlangen nach der inneren Wahrheit. Diese ist immer da. Nur wir sind es, die sich in den Verlockungen der Materie verirren und den wahren inneren Kern der Wahrheit ignorieren.

Ein mystischer Mensch erfährt durch die Meditation auch seine Schattenseiten. Er braucht keine Feindbilder, auf die er seine ureigensten Schwächen projizieren kann. Er weiß um die Polarität in allem Geschaffenen. Er weiß um der Erkenntnis willen, daß das Gute das Böse braucht, daß Liebe den Haß braucht, Demut den Stolz. In allem wirkt Yin und Yang. Diese Kräfte wirken im eigenen Innern. Der mystische Mensch trägt die Verantwortung allein, er schiebt diese Verantwortung nicht ab. Er achtet auf die Reinheit der Gedanken. Gedanken erzeugen Schwingungsfelder. Sie gehen nicht verloren, sondern weben an der eigenen Zukunft. Jeder Gedanke, der beseelt ausgesandt wird, will sich materialisieren im Guten wie im Bösen. Denken wir an die Heilkräfte im Guten und an die Flüche im Bösen. Jeder Tatimpuls schafft bereits Karma. Das heißt, es wird auf einer ganz subtilen Ebene bereits an der Verwirklichung gewoben.

Nach Aufzeichnungen von Johannes (14,11–16), sagte Jesus: »Um was ihr bitten werdet in meinem Namen, das will ich tun.« »Ich werde den Vater bitten, daß er euch einen Stellvertreter für mich gibt, den Geist der Wahrheit, der für immer bei euch bleibt. Die Welt kann ihn nicht bekommen, denn sie sieht ihn nicht und kennt ihn nicht. Aber ihr kennt ihn, und er wird bei euch bleiben und in euch leben.«

Ist dies nicht eine wunderbare Versprechung? Sie hat auch heute noch nichts von ihrer Gültigkeit verloren. Der Geist der Wahrheit lebt in jedem Menschen. Durch die Stille der Meditation wenden wir uns ab von der »Welt« und lernen die Wahrheit kennen.

Der mystische Mensch vereint in sich alle verschiedenen Anschauungen. Er fühlt sich mit andern mystischen Menschen verbunden, egal zu welcher Religion sie sich bekennen. In der nachfolgenden kleinen Geschichte möchte ich diese Haltung schildern.

Irgendwo weit oben in den Bergen gab es einmal eine Quelle. Aus dieser Quelle floß ein wunderbares, heilendes Wasser. Als die Männer des Dorfes dies vernahmen, eilten sie zur Quelle, um aus dem wunderbaren Wasser zu schöpfen. Der erste kam mit einem roten Eimer, füllte ihn und ging zurück ins Dorf. Der Zweite kam mit einem gelben Eimer, und auch er kehrte zurück ins Dorf. Und es kam noch ein Dritter mit einem blauen Eimer. Nun waren sie alle im Dorf und jeder hütete sorgfältig sein Wasser. Derjenige mit dem roten Eimer behauptete, daß heilendes Wasser rot sei, denn viele Menschen wurden durch sein Wasser gesund. Aber die beiden anderen waren nicht minder überzeugt, daß allein ihr Wasser heilsam sei. Sie hatten nämlich bald vergessen, woher sie das Wasser bekommen hatten. Jeder sagte: »Trinkt nur von meinem Wasser, nur meines ist das wahre.« Sie begannen einen fürchterlichen Streit, und es kam sogar so weit, daß sie sich die Köpfe einschlugen. Jeder hatte bald seine Anhänger, und auch diese begannen sich zu bekriegen. Das Ganze dauerte lange Zeit an, bis einmal ein alter, weiser Mann ins Dorf kam und von der wunderbaren Quelle erzählte, aus der das heilsame Wasser kam. Einige nickten verständig, andere aber wandten sich ab und bezeichneten den alten Mann als gefährlichen Aufwiegler.

Passiert nicht heute noch dasselbe? Solche Auseinandersetzungen geschehen ganz offen – als Krieg oder versteckter als Unterdrückung. Der mystische Mensch weiß, daß es viele Wege gibt für die Begegnung mit Gott. Er respektiert die verschiedenen Wege, weil er weiß, daß die Quelle gleichermaßen für alle fließt, die sie suchen und finden. Echte Gottesbegegnung ist kein vorgeschriebenes Erleben, es kommt von innen heraus.

Die Schwingungskraft
der Mantras

Indem wir das Gebet des Herrn zu einem tiefen, inneren Erlebnis erheben, entwickelt sich aus jedem einzelnen Satz eine lebendige Kraft. Jeder Satz wird zu einem tiefen Symbol. Je inniger, konzentrierter sich die Worte in die tiefsten Schichten unseres Seins einprägen, um so kräftiger wird die Wirkung. Aus dem Wort wird ein Mantra, das uns hinführt zu der reinsten Quelle der Kraft. Diese Kraft ist in der Lage, das ganze Wesen zu verfeinern, und verleiht bei steter Wiederholung eine Stärkung der ganzen Seele. Im Laufe der Zeit wird diese Kraft zur Herzenskraft. Sie äußert sich als Liebe und bildet die einzige Resonanz zur Schöpferkraft. Sie beeinflußt unser ganzes Energiesystem. Nach und nach verbessert sich unsere Gesundheit, weil energetische Blockaden aufgelöst werden. Die Beziehungen werden fruchtbarer und befriedigender. Die ganze Umgebung spiegelt den Reichtum, den wir im Inneren erhalten haben, wieder zu uns zurück.

Durch das Erleben der tiefsten Einheit mit Vater-Mutter-Gott, dem ungeteilten Licht, der Quelle der ganzen Schöpfung, lösen sich in den tiefsten Schichten alle Ursachen von Dunkelheit und Trennung. Es ist unser Ego, das die steten Leiden durch falsches Anhaften an Prestige, Macht und Gier verursacht. Langsam wandeln sich diese negativen Kräfte, welche gegen das Gesetz der Liebe verstoßen, die das Energiesystem blockieren. Durch das Einfühlungsvermögen in die Bedürfnisse der anderen wächst die Güte und Toleranz. Wir brechen das Gefängnis der Absonderung auf und begegnen jedem Mitmenschen, jedem Lebewesen mit Liebe.

Durch die tägliche VATERUNSER-Meditation entwickeln wir mit jedem einzelnen Satz die tiefe Schwingungskraft der Worte, der Mantras. So wird das Mantra zu einem Instrument, mit dem wir immer mehr den Schleier entfernen, der uns von unserem eigenen göttlichen Funken trennt. Durch die Durchlichtung, die Durchflutung mit feinsten Lichtteilchen aus der reinsten Schwingungsebene werden wir zunehmend von Lebensfreude erfüllt. Es ist eine tiefe von innen erstrahlende Freude. Sie ist unabhängig von äußeren Umständen, weil sie die Resonanz darstellt zur göttlichen All-Liebe. Wir ziehen die All-Liebe in uns herein und lassen sie durch unser Herzchakra ausströmen in unsere Umgebung. Durch das Herzchakra werden die Energien aus den unteren Chakras, die die Verbindung zur Erde sind, veredelt. Durch unsere Wesensmitte entfernen wir uns aus dem an Selbstzwecke gebundenen Denken. Wir erfüllen dadurch ein kosmisches Gesetz. Wir tragen das Christus-Licht in unseren Herzen. Das Kreuz bedeutet die Überwindung der Materie. Wir selbst müssen den Erlösungsweg gehen. Jesus war uns ein Vorbild.

Das VATERUNSER ist ein magischer Schlüssel zur kosmischen Lichtkraft. Was mir in den Meditationen zugeflossen ist, sind kleine Mosaiksteinchen. Dieses wunderschöne Gebet hat noch viele tiefe Geheimnisse. Durch die Stille der Meditation wird in jedem Menschen die Verbindung hergestellt zur eigenen Quelle der göttlichen Inspirationen.

Die Wirkungskraft des VATERUNSER-Gebetes als Chakra-Meditation ist sicherlich so intensiv, weil wir mit Körper und Seele im Einklang beten. Diese Form des Betens ist für die westliche Auffassung neu. Die Körperebene wurde entweder beim Beten ausgeschaltet oder ganz und gar ignoriert. Das hat mit einer allgemeinen Naturentfremdung und Körperfeindlichkeit zu tun. Der Körper aber ist Träger des Lichtkörpers. Darauf hat Jesus durch seine Worte hingewiesen:

> »Wisset ihr nicht, daß euer Leib
> ein Tempel des Heiligen Geistes ist,
> der in euch wohnet und den ihr von Gott empfangen habt,
> und daß ihr nicht euch selbst angehöret?
> Verherrlicht also Gott in eurem Leibe.«

Unser Körper ist nach den wunderbaren kosmischen Naturgesetzen aus den Energien der Erdenmutter hervorgegangen. Er ist Träger des genetischen Musters, das von einer Generation zur anderen weitergegeben wird. Die Seele, die in den Körper inkarniert, bringt das spirituelle Muster mit. Beide zusammen sind Ausdruck der ganzen Persönlichkeit.

Die Botschaften, die durch die Überlieferung der Essener zu uns gekommen sind, zeigen, daß Jesus beide Kräfte gleichermaßen verehrte. Er richtete sein Gebet an den Himmlischen Vater wie auch an die Mutter Erde. Nachdem er seine Jünger das VATERUNSER gelehrt hatte, ging er weiter und sagte:

> »Und betet auf diese Weise auch zu eurer Erdenmutter:
> Unsere Mutter, die du bist auf Erden,
> geheiligt sei dein Name.
> Dein Reich komme
> und dein Wille geschehe in uns, wie in dir.
> Da du jeden Tag deine Engel sendest, so sende sie auch zu uns.
> Vergib uns unsere Sünden, wie wir alle Sünden gegen dich sühnen.
> Und führe uns nicht in die Krankheit, sondern erlöse uns von allem Übel,

denn dein ist die Erde, der Körper und die Gesundheit.
Amen.
Und sie alle beteten zusammen mit Jesus zum Himmlischen
Vater und zur Erdenmutter. Und danach sprach Jesus zu
ihnen:
Genauso wie euer Körper durch die Engel der Erdenmutter
wiedergeboren wird, genauso möge euer Geist durch die Engel
des Himmelsvaters wiedergeboren werden.«[11]

Das harmonische Zusammenspiel der beiden Kräfte wird mit
großer Liebe und großem Wohlwollen geschildert. Ich fand
diese Übersetzungen so reichhaltig und umfassend, und für die
Gegenwartssituation der Menschheit sind sie von großer Bedeutung. Vor allem der nachfolgende Text soll zum Nachdenken anregen:

»Dann soll der Sohn des Menschen Frieden mit dem Reich
der Erdenmutter suchen, denn niemand kann leben oder
glücklich sein, der nicht seine Erdenmutter ehrt und ihre Gesetze befolgt. Denn euer Atem ist ihr Atem; euer Blut ist ihr
Blut; eure Knochen sind ihre Knochen; euer Fleisch ist ihr
Fleisch; eure Eingeweide sind ihre Eingeweide; eure Augen
und Ohren sind ihre Augen und Ohren.
Ich sage euch, wahrlich, ihr seid eins mit der Erdenmutter;
sie ist in euch und ihr seid in ihr. Aus ihr wurdet ihr geboren,
in ihr lebt ihr, und zu ihr werdet ihr zurückkehren. Es ist das
Blut eurer Erdenmutter, das aus den Wolken fließt; es ist der
Atem eurer Erdenmutter, der in dem Laub der Wälder wis-
pert und mächtig von den Bergen bläst; süß und fest ist das
Fleisch eurer Erdenmutter in den Früchten der Bäume; stark
und unzerbrechlich sind die Knochen eurer Erdenmutter in
den riesigen Felsen und Steinen, die als Wachen der verlore-

nen Zeit stehenblieben; wahrlich, wir sind eins mit unserer Erdenmutter, und wer sich an die Gesetze seiner Mutter treu hält, dem wird auch sie treu bleiben.

Aber der Tag wird kommen, wenn der Menschensohn sein Gesicht von der Erdenmutter abwenden und sie betrügen wird und sogar seine Mutter und sein Geburtsrecht verleugnen wird. Dann wird er sie in die Sklaverei verkaufen und ihr Fleisch wird zerrissen werden, ihr Blut vergiftet und ihr Atem erstickt, er wird das Feuer des Todes in alle Teile ihres Reiches bringen, und sein Hunger wird sie all ihrer Geschenke berauben und an ihrer Stelle eine Wüste zurücklassen.

All dies wird er aus Unwissenheit des Gesetzes tun, und so wie ein Sterbender nicht seinen eigenen Gestank riechen kann, so wird der Menschensohn blind vor der Wahrheit sein; so wie er seine Erdenmutter plündert und verwüstet und zerstört, so plündert und verwüstet und zerstört er sich selbst. Denn er wurde aus seiner Erdenmutter geboren und er ist eins mit ihr, und alles, was er seiner Mutter antut, tut er sich selbst an.«[12]

Sind dies nicht treffende Worte für die heutige Lebenslage? Noch nie ist ein Umdenken und Handeln so not-wendig geworden wie heute. Das Umdenken muß bei jedem einzelnen von innen heraus wachsen. Die tägliche VATERUNSER-Meditation hilft dabei. Das Bewußtsein um die inneren Zusammenhänge wird erweitert. Wir werden durch unsere zunehmende Feinfühligkeit das schmerzliche Seufzen der Erdenmutter vernehmen. Wir werden alles vermeiden, was ihre Leiden noch verstärkt.

Wir verbreiten durch die positiven Schwingungen dieses Gebetes aufbauende, heilsam wirkende Energien. Beseelte Gedankenkräfte, die von Liebe getragen werden, sind die guten Bausteine der Zukunft. Noch sind zu viele negative Schwingungsmuster vorhanden; durch unsere Sensitivität werden wir unsere Seele davor bewahren. Niemand zwingt uns, brutale Filme anzuschauen. Wir selbst müssen lernen, unsere Gedanken vor negativen Einflüssen zu bewahren. Wir müssen uns bescheiden, entscheiden und müssen ausscheiden, was für unser Seelenmuster schädlich ist.

Die Mantras des VATERUNSERS bringen unsere sieben Chakras in harmonischen Einklang. Diese sieben Kraftzentren entfalten, wenn sie geöffnet sind, unsere Tugenden. Wenn sie geschlossen sind, zeigen sie uns die sieben Todsünden. Die beseelten Kräfte der Mantras bringen unseren feinstofflichen Körper in diejenige Vibrationen, die den Fluß der Energien anregen und unsere Blockaden, unsere dunklen Flecken, zum Verschwinden bringen. Blockaden im Energiesystem bedeuten Verdunkelung der Gefühle und letztlich auch Krankheit des Körpers.

Die tägliche VATERUNSER-Meditation ist eine wunderbare Kraftquelle für ein geistiges und körperliches Wohlbefinden, denn alle Chakras werden geläutert. Die tiefen Zusammenhänge werden zunehmend erkannt, und das Erleben der Unmittelbarkeit des Göttlichen in allem wird gefördert.

Enochs Vision

Die nachfolgende Offenbarung, die Offenbarung Enochs, ist für mich zum täglichen Begleiter geworden. Die Nähe Gottes in allen Dingen schenkt eine tiefe Geborgenheit und ein großes Vertrauen in Seinen Willen, dessen Werkzeug man sein darf.

Enochs Vision
Die älteste Offenbarung
Gott spricht zum Menschen

Ich spreche zu dir.
Sei still, wisse, ich bin Gott.

Ich sprach zu dir
als du geboren wurdest.
Sei still, wisse, ich bin Gott.

Ich sprach zu dir
bei deinem ersten Blick.
Sei still, wisse, ich bin Gott.

Ich sprach zu dir
bei deinem ersten Wort.
Sei still, wisse, ich bin Gott.

Ich sprach zu dir
bei deinem ersten Gedanken.
Sei still, wisse, ich bin Gott.

Ich sprach zu dir
bei deiner ersten Liebe.
Sei still, wisse, ich bin Gott.

Ich sprach zu dir
bei deinem ersten Lied.
Sei still, wisse, ich bin Gott.

Ich spreche zu dir
durch das Gras der Wiese.
Sei still, wisse, ich bin Gott.

Ich spreche zu dir
durch die Bäume der Wälder.
Sei still, wisse, ich bin Gott.

Ich spreche zu dir
durch die Täler und Hügel.
Sei still, wisse, ich bin Gott.

Ich spreche zu dir
durch die heiligen Berge.
Sei still, wisse, ich bin Gott.

Ich spreche zu dir
durch Regen und Schnee.
Sei still, wisse, ich bin Gott.

Ich spreche zu dir
durch die Wogen des Meeres.
Sei still, wisse, ich bin Gott.

Ich spreche zu dir
durch den Tau des Morgens.
Sei still, wisse, ich bin Gott.

Ich spreche zu dir
durch den Abendfrieden.
Sei still, wisse, ich bin Gott.

Ich spreche zu dir
durch das Leuchten der Sonne.
Sei still, wisse, ich bin Gott.

Ich spreche zu dir
durch die funkelnden Sterne.
Sei still, wisse, ich bin Gott.

Ich spreche zu dir
durch den Sturm und die Wolken.
Sei still, wisse, ich bin Gott.

Ich spreche zu dir
durch Donner und Blitz.
Sei still, wisse, ich bin Gott.

Ich spreche zu dir
durch den geheimnisvollen Regenbogen.
Sei still, wisse, ich bin Gott.

Ich werde zu dir sprechen,
wenn du allein bist.
Sei still, wisse, ich bin Gott.

Ich werde zu dir sprechen
durch die Weisheit der Alten.
Sei still, wisse, ich bin Gott.

Ich werde zu dir sprechen
am Ende der Zeit.
Sei still, wisse, ich bin Gott.

Ich werde zu dir sprechen,
wenn du meine Engel gesehen hast.
Sei still, wisse, ich bin Gott.

Ich werde zu dir sprechen
in Ewigkeit.
Sei still, wisse, ich bin Gott.[13]

Yantra

Die Kräfte der Kabbala

Verströmen aus der Einheit

Herzchakra

Geist und Materie

Brechung Seines Lichtes

Ich und All

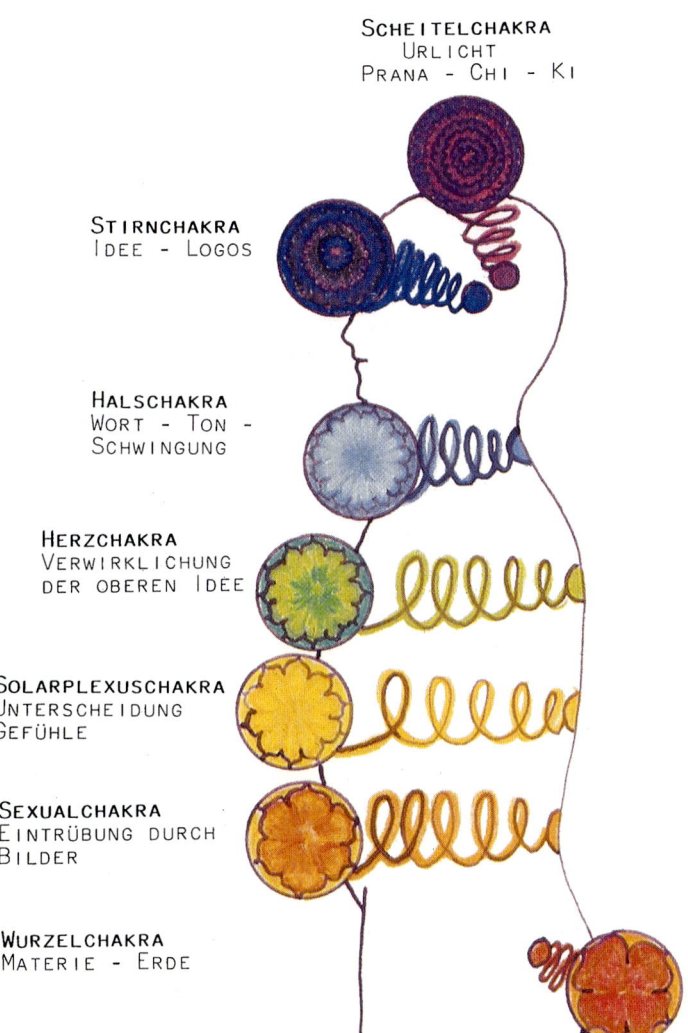

SCHEITELCHAKRA
URLICHT
PRANA - CHI - KI

STIRNCHAKRA
IDEE - LOGOS

HALSCHAKRA
WORT - TON -
SCHWINGUNG

HERZCHAKRA
VERWIRKLICHUNG
DER OBEREN IDEE

SOLARPLEXUSCHAKRA
UNTERSCHEIDUNG
GEFÜHLE

SEXUALCHAKRA
EINTRÜBUNG DURCH
BILDER

WURZELCHAKRA
MATERIE - ERDE

Die Chakras

VATERUNSER-*Meditation*

Die nachfolgende Meditation kann zu Beginn ein nützlicher Führer sein. Sie ist aus meinen persönlichen Inspirationen entstanden.

Jeder Meditierende wird im Laufe der Zeit seine eigenen Inspirationen bekommen. In der Stille, frei von trübenden Gedanken, lauscht jeder in sich hinein. Dort findet die Begegnung mit der göttlichen Lichtquelle statt. Jeder Mensch trägt in sich den göttlichen Funken, der durch die Liebe entflammt wird. Jeder hat eine individuelle Lebensaufgabe. Die weise Führung wird aus der Tiefe des Inneren immer besser wahrgenommen.

Frieden, Freude, Geborgenheit und Gelassenheit sind die reichen Früchte, die uns zufallen durch die tägliche VATERUNSER-Meditation.

Wir setzen uns bequem hin, die Hände liegen mit der Handfläche nach oben auf den Oberschenkeln. Wir nehmen dadurch Energie auf und geben sie wieder zurück in den Raum. Die Füße sind fest auf dem Boden. Wir spüren die Verbindung zur Erde durch die Füße und durch die Sitzfläche.

Wir schließen die Augen. Wir atmen tief ein und aus. Wir füllen den Beckenraum mit unserem Atem – füllen den Brustraum – den Hals – den Kopf – und atmen wieder aus. Wir lassen den Atem ausströmen über die Schultern, durch die Hände und atmen wieder ein – ganz von unten wieder nach oben. Wir hüllen uns ein in einen harmonischen Kreislauf der Lebenskraft, die aus dem Atem fließt. Die Erdkraft fließt in uns ein, sie steigt von unten nach oben. Wir bereiten unseren Leib, unsere Seele vor, das Licht des Vaters, der All-Liebe, mit der Energie der Mutter Erde, deren Geschöpfe wir alle sind, zu vereinen.

Wir werden ganz ruhig, lassen alles Äußere nach und nach verstummen und öffnen uns ganz nach innen. Wir spüren die Geborgenheit in uns selbst. Gedanken, die kommen, lassen wir fließen. alles ist richtig und gut, Teil des innersten Selbst. Wir alle sind Teil des Ganzen, und doch ist jeder von uns als Individuum ein Tempel Gottes, jeder von uns ein leuchtendes Lichtwesen, das sich sehnt nach der Verbindung zur göttlichen Liebe.

Nur in der Ruhe, in der Meditation, fern von allem Lauten im Äußeren, findet die Begegnung statt mit der höchsten Glückseligkeit. Höchste Freude, höchstes Glück ist in uns verborgen.

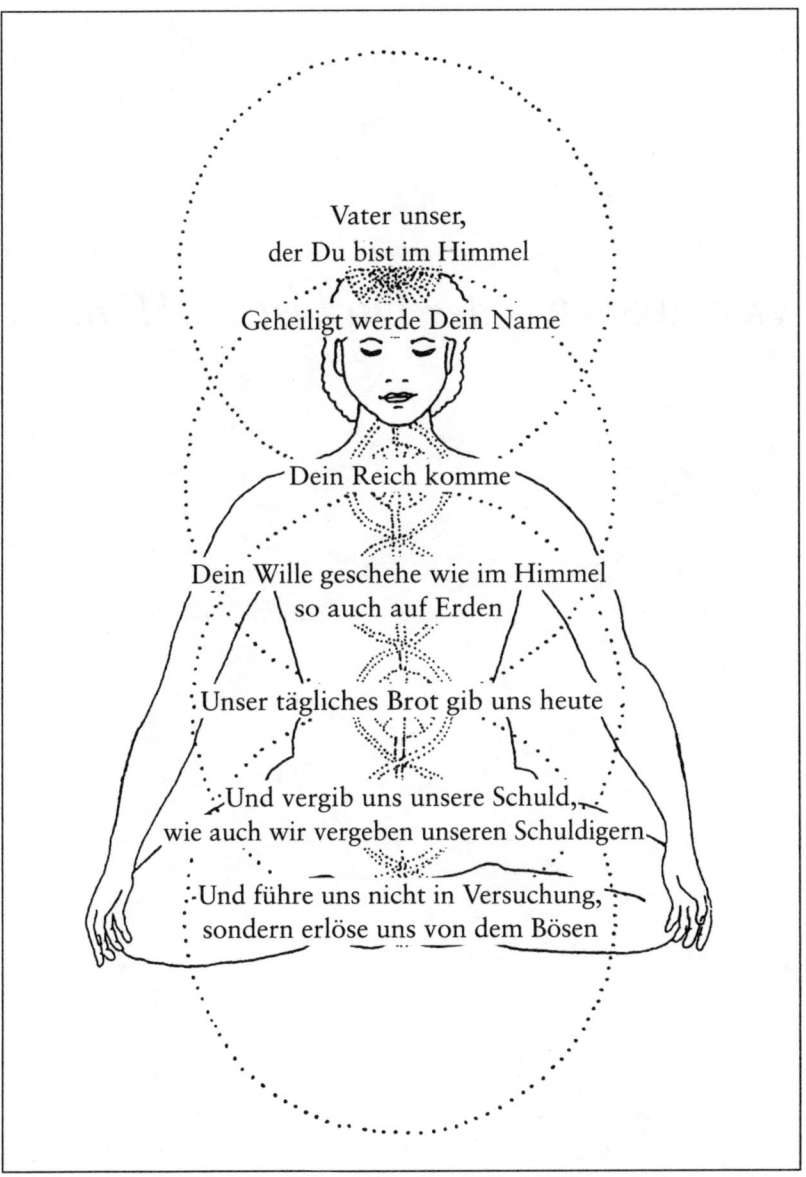

Vater unser,
der Du bist im Himmel

Geheiligt werde Dein Name

Dein Reich komme

Dein Wille geschehe wie im Himmel
so auch auf Erden

Unser tägliches Brot gib uns heute

Und vergib uns unsere Schuld,
wie auch wir vergeben unseren Schuldigern

Und führe uns nicht in Versuchung,
sondern erlöse uns von dem Bösen

VATERUNSER – *der Du bist im Himmel*

Wir richten unsere Aufmerksamkeit zum obersten Punkt des Kopfes, zum Scheitelchakra.

Wir lenken den Fluß des Atems in dieses Zentrum, dehnen es aus nach oben. Wir verbinden uns durch dieses Kraftzentrum mit der höchsten Schöpferebene.

VATERUNSER, *der Du bist im Himmel*

Wir verbinden uns mit der ewigen Lichtkraft, aus der alles wurde und noch immer wird. Es ist das ungeteilte Licht, das alles in sich birgt. Wir verbinden uns mit dieser unermeßlichen Einheit, mit der All-Liebe, noch ungeteilt, alles in sich bergend und doch immer bereit, sich zu verströmen und Myriaden von Formen und Farben mit der Erdenmutter zu schaffen.

Wir sind ein Teil davon, Teil des großen Werkes, Spiegel der weisen Gesetze, die im großen wie im kleinen wirken. Eingebettet in die Gesetzmäßigkeiten der Schwingungen der Planeten hat unsere Seele diese Inkarnation gewünscht. Sie hat jene Bedingungen gewünscht, in der wir stehen. Immer mehr werden wir unsere inneren Augen öffnen und die großen Zusammenhänge erkennen. Wir erkennen immer besser die Zusammenhänge der äußeren Manifestationen mit unserem inneren, seelischen Befinden.

Aus der Ebene des Himmlischen Vaters sind wir gekommen und gehen gereift wieder dorthin zurück.

VATERUNSER, *der Du bist im Himmel.*

Wir lassen es nachklingen.

Geheiligt werde Dein Name

Wir lenken unser Bewußtsein in das Stirnchakra. Dieses Zentrum liegt etwas oberhalb des Nasenansatzes, zwischen den Augenbrauen. Wir atmen in dieses Zentrum – in das Dritte Auge –, durch das wir immer mehr die innere Wirklichkeit wahrnehmen.

Geheiligt werde Dein Name

Der Schöpfer sprach und es wurde. Er sprach das Wort, den Namen. Durch Seinen Namen hat sich Seine Kraft materialisiert. Die ganze Schöpfung ist die beseelte Kraft Seines Namens. Das Verströmen der Kraft aus der Einheit des Himmlischen Vaters hat die Welt, in der wir leben, hervorgebracht. Es ist die Brechung Seines Lichtes in die Polarität, in die Gegensätzlichkeit.

Öffne unsere Augen, laß uns erfüllt werden mit Ehrfurcht und Respekt vor Deinem Werk. Wir sind ein Teil dieses aufs feinste aufeinander abgestimmte Schöpfergeschehens. Mögen die positiven Schwingungen dieses Gebetes dazu beitragen, die unzähligen Fehler, die an Deinem Werk geschehen sind, zu mindern.

Mache Du uns zu Deinem Werkzeug.

Läutere unsere inneren Sinne, das Dritte Auge, damit wir immer feinfühliger werden und Anteil nehmen können an der inneren Wirklichkeit. Laß in uns das innere Schauen heranreifen, damit wir die Zusammenhänge von innen und außen klarer erkennen.

Geheiligt werde Dein Name.

Wir lassen es nachklingen.

Dein Reich komme

Wir richten unsere Aufmerksamkeit auf das Halschakra. Wir atmen vom Nacken her tief ein und öffnen das Halszentrum nach vorn wie eine Blüte in schönstem Hellblau und atmen wieder aus zum Nacken hin.

Dein Reich komme

Das ungeteilte Licht hat sich verströmt und zur Materie verdichtet, wirkt zusammen mit der Erdkraft in weiser Intelligenz. Diese Weisheit lenkt unsere Schritte. Durch das Halszentrum öffnen wir uns der inneren Stimme. Hier erkennen wir die Stimme, die aus dem inneren Selbst zu uns spricht.

Durch das Hals- oder Kehlchakra sind wir kommunikationsfähige Wesen. Wir drücken uns aus durch die Stimme und durch allerlei Gebärden. Wir tauschen beseelte Impulse mit unserer Umwelt aus.

Hier ist die Pforte oder das Verbindungstor der göttlichen Dreiheit mit der Vierheit der Elemente. Das geistige Prinzip vermählt sich mit der Materie.

Laß uns immer besser die innere Stimme wahrnehmen und nach der göttlichen Weisheit unseren Lebensauftrag erfüllen. Führe uns immer wieder auf den rechten Weg, falls wir davon abgekommen sind. Gib mir den Mut, den für mich richtigen Weg unbeirrt zu gehen. Öffne mein inneres Ohr für Deine Stimme, laß mich nicht in der Polarität der Materie verirren.

Dein Reich komme.

Wir lassen es nachklingen.

Dein Wille geschehe –
wie im Himmel – so auch auf Erden

Wir richten unsere Aufmerksamkeit auf die Brustregion, in das Herzchakra. Wir atmen vom Rücken her nach vorn ein und dehnen das Herzzentrum nach vorn aus wie eine wunderschöne Blume in leuchtendem Grün.

Dein Wille geschehe – wie im Himmel – so auch auf Erden

Das Herzzentrum ist Ausdruck der Liebe. Durch die Liebe schaffen wir die stärkste Resonanz zur All-Liebe des Schöpfers. Die Liebe überwindet alle Trennung, überwindet selbstsüchtiges Trachten. Liebe verschenkt, sie gibt, sie verströmt wie die Sonne ihr Licht.

Aus Liebe verströmt der Vater Sein Licht in die Materie.

Aus Liebe schickt Er Seinen Sohn zur Menschheit.

Aus Liebe lebte Er ein Leben, das uns zeigt, wie die Vierheit, das Kreuz, die Materie, erlöst werden muß, um den inneren Weg zu gehen. Das Herzchakra ist Ausdruck des Christus-Bewußtseins in uns. Diese Kraft verbindet uns mit der All-Liebe des Vaters im Himmel. Niemand kommt zum Vater als durch mich.

Laß uns durch die Liebe des Herzens nach Deinem Willen leben. Nur über die Liebe kann eine Resonanz zur höchsten Kraft sich entfalten. Laß uns leer werden, damit wir als leeres Gefäß nach Deinem Willen handeln, fühlen und denken. Laß uns ein Ausdruck Deiner Gesetze der unendlichen Liebe werden und erfülle uns mit Lebenskraft und Freude.

Dein Wille geschehe – wie im Himmel – so auch auf Erden.

Wir lassen es nachklingen.

Unser tägliches Brot gib uns heute

Wir richten unser Bewußtsein in das Sonnengeflechtszentrum. Vom Rücken her atmen wir tief ein und dehnen das Solar-Plexus-Chakra wie eine gelbleuchtende Blume in unserer Magengegend nach vorn aus.

Unser tägliches Brot gib uns heute

Mit jedem Zentrum steigen wir tiefer hinab in die Materie, in unsere Körperlichkeit. Wir begegnen hier dem Element des Feuers. Dieses Element wirkt in der Sonne; ohne sie reift keine Nahrung, ohne ihre Wirkung gibt es kein Leben. Durch dieses Zentrum öffnen wir uns der Energie des Sonnenlichtes, das uns mit Lebensenergie versorgt. Wir sind Ausdruck der Erdkräfte und der Kräfte des Himmlischen Vaters.

Durch dieses Kraftzentrum sind wir empfindende Wesen. Hier sind die feinsten Antennen für die Schwingungen der Umgebung. Hier fühlen wir genau, was zu unserem Schwingungsmuster paßt und was nicht. Wir erkennen es als sympathisch oder antipathisch. Intuitiv nehmen wir durch dieses Zentrum die Gefühle oder die Gedanken von Mitmenschen auf.

Was auf der Emotionalebene geschieht, vollzieht sich auch auf der körperlichen Ebene in der Verdauung. Hier wird ausgelesen, was der Körper braucht und was nicht.

Laß uns hinter der Materie Deine geistigen Gesetze erkennen. Laß uns den Schwingungen der Mitmenschen in Liebe, Verständnis und Toleranz begegnen. Laß uns erkennen, daß, wo immer wir geben, auch uns gegeben wird. Und je mehr wir geben, desto mehr wird uns gegeben. Wir öffnen uns hier dem kosmischen Christus-Licht, dem Licht der Welt. Es ist in jedem Stein, in jedem Gras, in jedem Strauch.

Unser tägliches Brot gib uns heute.

Wir lassen es nachklingen.

Vergib uns unsere Schuld –
wie auch wir
vergeben unseren Schuldigern

Wir richten unsere Aufmerksamkeit in die untere Bauchgegend. Vom Kreuz her atmen wir ein und begleiten den Atem nach vorn. Wir dehnen das Sakralchakra, das auch Sexualchakra genannt wird, nach vorn aus, lassen es leuchten wie eine wunderbare orangefarbene Blume.

Vergib uns unsere Schuld – wie auch wir vergeben unsern Schuldigern

Das Erdendasein ist ein von Gegensätzen geprägtes Sein. Alles ist polar, hell und dunkel, gut und böse, weiblich und männlich, Yin und Yang. Unsere Seele hat das Erdendasein gewählt; sie wollte sich in die Materie inkarnieren, da dieses Dasein eine Weiterentwicklung ermöglicht und uns hilft, die karmische Schuld zu tilgen.

Wir sehnen uns nach der Aufhebung der Gegensätze. Durch das Sexualchakra ist uns die Möglichkeit gegeben, aus der Ich-Verhaftung herauszutreten. Wir wenden uns hin zum Du. Die Liebe zu einem Menschen gibt uns die Möglichkeit zur höchsten Ekstase, weil dadurch Einheit entsteht. Die All-Liebe, der Himmlische Vater, gibt uns die Möglichkeit, durch das Sakralchakra selbst Schöpfer zu werden.

Das höchste Glück können wir nur erfahren, wenn kein innerer Groll die Verbindung trübt. Wir müssen verzeihen können, müssen verstehen und dadurch die seelischen Gegensätze aufheben. Dann erleben wir aus dem Sexualchakra heraus die höchste Gnade. In dem Maße, in dem wir einen Menschen lieben, in dem Maße begegnet uns Gott in uns. Lebensfreude ist das schönste Gebet.

Vergib uns unsere Schuld, wie auch wir vergeben unseren Schuldigern.

Wir lassen es nachwirken.

Führe uns nicht in Versuchung –
sondern erlöse uns von dem Bösen

Wir gehen mit unserem Bewußtsein zum untersten Punkt der Wirbelsäule. Durch unseren Atem verbinden wir uns aus diesem Zentrum heraus mit der Erdenmutter. Wir spüren die Berührung der Sitzfläche, spüren die Berührung durch die Füße. Sie nehmen die Kraft aus der Erde auf und leiten sie weiter zum Wurzel- oder Basischakra. Wir atmen die Energie unserer Erdenmutter ein, ziehen sie hinauf durch unser Basischakra, das die ganze Erdkraft in hell-leuchtendem Rot in sich birgt.

Führe uns nicht in Versuchung – sondern erlöse uns von dem Bösen

Das Basischakra steuert die elementaren Grund-Lebenskräfte, die wir brauchen, um im Erdendasein überleben zu können. Es sind die Ich-bezogenen Bedürfnisse. Die Gefahr liegt nun darin, an dieser Ich-Verhaftung hängenzubleiben. Ohne Liebe bleibt die Materie unbelichtet, bleibt die Seele im Dunkeln. Dies ist die Versuchung, nämlich nur nach dem Ego zu leben, ohne Zuwendung in Liebe. Die Verhaftung in den Ich-Bedürfnissen schafft Trennung, schafft Polarität, aus der wir unsere Seele erlösen möchten durch die Liebe, die die stärkste Resonanz zur göttlichen All-Liebe darstellt. Liebe erlöst uns aus der Dunkelheit.

Alles, was gegen das Prinzip der Liebe verstößt, ist das Reich des Bösen. Liebe bringt Licht ins Dunkle, Liebe ist die belebende, heilende Lebenskraft. Haß schafft Dunkelheit, schafft destruktive Energie.

Führe uns nicht in Versuchung – sondern erlöse uns von dem Bösen.

Wir lassen die Schwingung nachwirken.

Denn Dein ist das Reich

Wir verharren noch eine Weile im Basischakra, bleiben verbunden mit der Erdenkraft. Wir öffnen uns ganz dieser gewaltigen, weiblichen Ur-Kraft.

Dein ist das Reich

Wir wissen: Ohne die geistige, belebende Kraft des Himmlischen Vaters gibt es kein Leben auf dieser Erde. Wie die Sonne als Lebensspenderin in allem Sichtbaren, Lebendigen wirkt, kann unsere Seele nicht ohne die Kraft des höchsten Liebesprinzipes leben. Es ist feinste Lichtenergie.

Durch das Aktivieren unserer feinstofflichen Kraftzentren, durch die Lauterkeit unserer Gedanken ist uns die Möglichkeit gegeben, Zugang zur höchsten Lichtquelle zu erlangen. In unserem Basischakra verborgen liegt die kräftige Kundalini-Energie. Findet diese weibliche Kraft alle Chakras geläutert, steigt sie hinauf zum Scheitelchakra und vereint sich mit dem hellsten Licht des Himmlischen Vaters. Das ist die totale Auflösung der Trennung, ein unbeschreibliches Lichterlebnis, die größte Zuwendung des Allerhöchsten. Es ist die absolute Freude, das höchste Entzücken.

Wir sind eingebettet in Seiner Liebe, das Erdenreich wird zu Seinem Reich.

Dein ist das Reich.

Wir lassen es nachklingen.

Und die Kraft

Wir sind ganz geöffnet, die Energie durchströmt uns. Licht und Kraft erfüllen uns durch das herrlichste aller Gebete. Wir atmen – es atmet uns – von der Erde hinauf zum obersten Punkt des Scheitelchakras. Der Fluß des Atems macht uns ruhig. Wir fühlen uns geborgen in Seiner Kraft.

Nun richten wir unsere Aufmerksamkeit in das Herzchakra.

Und die Kraft

Die höchste Lichtquelle verströmt ihre Kraft. Die verströmte Kraft ist das Christus-Licht, das in uns wirkende Christus-Licht, die alles bewirkende Liebeskraft. Durch sie werden unsere Geistesgaben geweckt. Wie ein Samenkorn sich ganz langsam entfaltet, so entfaltet sich in uns der feinstoffliche Körper durch positives, liebendes Denken und Handeln.

Freude, Liebe und Licht sind die Kräfte, die aus dem Herzen kommen. Aus dem Herzchakra verströmen wir diese Kräfte und wirken heilend, wo Krankheit ist, tröstend, wo Kummer ist.

Das Herzchakra veredelt alle Energien der unteren Chakras. Es erlöst die Seele aus der Ich-Verhaftung. Es veredelt die Verschmelzung mit dem Du. Es macht uns zu liebenden, sozialen Mitmenschen. Alle diese Veredelungen unseres Wesens erfüllen uns mit Glück und Lebensfreude. So hat uns der liebende Schöpfer, die göttliche Intelligenz, gedacht. Aus der Kraft des Herzens schöpfen wir alle Glückseligkeit.

Dein ist die Kraft.

Wir lassen dieses Mantra in unserem Herzchakra nachklingen.

Und die Herrlichkeit

Wir lassen den Atem fließen, geben uns ganz der Verschmelzung der Erdenergien mit den Kräften des Himmlischen Vaters hin. Nun richten wir unser Bewußtsein in das Stirnchakra.

Und die Herrlichkeit

Das Dritte Auge öffnet uns das Tor zur geistigen Welt. Hier können wir Anteil nehmen an Seiner Herrlichkeit. Immer mehr öffnet sich uns die feinstoffliche Welt. Die Welt der subtilen Energien, die Welt der Engelwesen, die feineren Schwingungsebenen der Aura werden sichtbar. Hier erleben wir die ekstatische Licht-Vision der göttlichen Berührung. Mit jeder VATER-UNSER-Meditation läutern wir unsere Gedanken, bringen unsere Chakras in diejenige Vibration, die die Kundalini-Energie zum Fließen bringt. Jesus Christus hat uns mit diesem Gebet einen wunderbaren Schlüssel gegeben zur Entwicklung unserer Seelenkräfte.

Wir öffnen uns ganz und werden leere Gefäße, damit Sein Wille durch uns wirken kann. Durch die Tiefe der Meditation lösen wir Gegensätze auf. Dann nehmen wir staunend Anteil an der inneren Wahrheit.

Dein ist die Herrlichkeit.

Wir lassen es im Stirnchakra nachschwingen.

In Ewigkeit

Zu Dir, o Gott, erhebe ich meine Seele. Mein Bewußtsein ist nun im Scheitelzentrum. Hier berühren wir die feinste kosmische Energie, sie ist außerhalb von Raum und Zeit. Es ist die All-Liebe, die alles belebende Lichtkraft. Es ist die Berührungsebene des Himmlischen Vaters, der uns führt, der uns in diese Inkarnation geschickt hat und uns wieder aufnimmt, wenn die Zeit gekommen ist.

In Ewigkeit

Hier gibt es keine Gegensätze, keine Zeit, keinen Raum. Hier herrschen Licht, Liebe und Freude.

Nimm uns ganz in Deine liebenden Arme, Himmlischer Vater, laß uns zu Deinem Werkzeug werden, damit wir ein Dir wohlgefälliges Leben führen, ganz wie es Deinem Willen entspricht. Laß uns Deinen Willen immer klarer erkennen. Laß uns Dein Licht, Deine Liebe, Deine Freude verbreiten, damit die Erde wieder heil werde. Öffne meine inneren Augen und meine inneren Ohren, damit ich Anteil nehmen darf an Deinem ewigen Dasein.

Dein ist die Ewigkeit.

Wir spüren die Verbindung zur kosmischen Lichtkraft durch den obersten Punkt des Kopfes, öffnen uns ganz nach oben. Wir lassen es nachwirken.

Amen

Durch den Fluß des Atems strömt nun Prana, Lichtenergie und Lebenskraft durch unseren feinstofflichen Körper. Bis in die kleinste Zelle werden wir belebt und durchströmt mit Licht- und Heilkraft.

Amen

Wir sind nun Gefäße, gefüllt mit Lichtkraft, und verströmen diese in die Umgebung. Je mehr wir verströmen, desto mehr fließt uns zu aus der kosmischen Ebene. Wir wenden uns all denjenigen zu, die diese wunderbare heilsame Kraft brauchen, allen Kranken, Betrübten, Verirrten, allen Tieren, allen Bäumen. Wir denken an die vier Elemente: Luft – Feuer – Wasser – Erde. Möge wieder geordnet werden, was sich entfernt hat von den göttlichen weisen Gesetzen der Mutter Erde, Sophia, oder vom Heiligen Geist.

Als leere Gefäße werden wir gefüllt mit dem Christus-Licht, verströmen diese Kraft in Form von Liebe und werden immer mehr zur Quelle von positiven, aufbauenden, lebendigen Kräften. Unsere Gedankenkräfte sind die Bausteine der künftigen Materie.

Amen – so sei es. Om – om – om.

Wir lassen es nachklingen.

Wir dehnen und strecken uns und kommen wieder zurück ins Hier und Jetzt.

Anmerkungen

1 Lao Tse: *Tao-Te-King*. Anasata Verlag 1988, S. 4
2 Ed. B. Székely: *Das Friedensevangelium der Essener*. Verlag Bruno Martin, 11. Auflage 1987, S. 44–45
3 aus Manfred Klug (Hrsg.): *Augenblicke der Stille*. Wilhelm Heyne Verlag 1986, S. 12 (vergriffen)
4 M. Kahir: *Das verlorene Wort*. Turm-Verlag, Bietigheim 1980, S. 40
5 Lao Tse, a.a.O. S. 21
6 Lao Tse, a.a.O. S. 42
7 Ed. B. Székely: *Das geheime Evangelium der Essener*. Verlag Bruno Martin, 3. Aufl. 1984, S. 15
8 Lao Tse, a.a.O. S. 49
9 Ed. B. Székely: *Das geheime Evangelium der Essener*. a.a.O. S. 14
10 Lao Tse, a.a.O. S. 12
11 Ed. B. Székely: *Das Friedensevangelium*. a.a.O. S. 45
12 Ed. B. Székely: *Das geheime Evangelium der Essener*. a.a.O. S. 42f
13 Ed. B. Székely: *Die unbekannten Schriften der Essener*. Verlag Bruno Martin, 10. Aufl. 1987, S. 15–19

Literaturverzeichnis

Augenblicke der Stille. Worte und Gedanken großer Zen-Meister. Wilhelm Heyne Verlag 1986 (vergriffen)

Bauer, W./Dümotz, I./Golowin, S.: *Lexikon der Symbole.* Wilhelm Heyne Verlag 1988

Benedikt, H. E.: *Kabbala 1.* Verlag Hermann Bauer 1988

Benedikt, H. E.: *Kabbala 2.* Verlag Hermann Bauer 1988

Betz, O.: *Das Geheimnis der Zahlen.* Kreuz Verlag 1989

Bittlinger, A.: *Das Vaterunser.* Kösel Verlag 1990

Blome, G.: *Mit Blumen heilen.* Verlag Hermann Bauer 1989

Blome, G.: *Wirf ab, was dich krank macht.* Verlag Hermann Bauer 1990

Capra, F.: *Das Tao der Physik.* Scherz Verlag 1984

Capra, F.: *Wendezeit.* Scherz Verlag 1984

Capra, F.: *Psychologie in der Wende.* Scherz Verlag 1985

Capra, F.: *Das neue Denken.* Scherz Verlag 1987

Chardin, Teilhard P.: *Der Mensch im Kosmos.* Verlag C. H. Beck, München 1969

Choa Kok Sui: *Durch kosmische Energie heilen.* Verlag Hermann Bauer 1989

Cousto, H.: *Die kosmische Oktave.* Verlag Simon und Leutner 1988

Dethlefsen, T.: *Schicksal als Chance.* Wilhelm Goldmann Verlag 1982

Dethlefsen, T.: *Krankheit als Weg.* C. Bertelsmann Verlag 1983

Die gute Nachricht. Altes und Neues Testament. Deutsche Bibelgesellschaft

Draayer, H.: *Das Licht in uns.* Kösel Verlag 1988

Drewermann, E.: *Ich steige hinab in die Barke der Sonne.* Walter Verlag 1989

Drewermann, E.: *Der tödliche Fortschritt.* Verlag Friedrich Pustet 1990

Eknath, E.: *Mantram – Hilfe durch die Kraft des Wortes.* Verlag Hermann Bauer 1989

Gottwald, F. T./Howald, W.: *Selbsthilfe durch Meditation.* mvg Moderne Verlagsgesellschaft 1988

Harnisch, G.: *Das große Traumbuch.* Verlag Herder 1989

Kahir, M.: *Das verlorene Wort.* Turm Verlag 1980

Leadbeater, C. W.: *Die Chakras.* Verlag Hermann Bauer 1987

Lao Tse: *Tao-Te-King. Das heilige Buch vom Tao und der wahren Tugend.* Ansata-Verlag 1988

Lee, Sanella: *Kundalini-Erfahrung.* Synthesis Verlag 1989

Levi, E.: *Einweihungsbriefe.* Ansata-Verlag 1990

Mead, B. A.: *Fragmente eines verschollenen Glaubens.* Ansata-Verlag 1990

Mertz, B. A.: *Astrologie als Wegweiser.* Ebertin Verlag 1984

Müller, E.: *Der Sohar.* Ex Libris 1984

Pannikar, R.: *Den Mönch in sich entdecken.* Kösel-Verlag 1989

Petuchowsky, J./Thoma, C.: *Lexikon der jüdisch-christlichen Begegnung.* Verlag Herder 1989

Raphaell, K.: *Heilen mit Kristallen.* Knaur Verlag 1988

Riedel-Michel, M.: *Geistheilung als Ergänzung zur Medizin.* Verlag Riedel 1985

Robert, Rosa K.: *Das ist Autogenes Training.* Fischer Verlag 1986

Scheffer, M.: *Bach Blütentherapie.* Heinrich Hugendubel Verlag 1987

Schiegl, H.: *Color-Therapie.* Verlag Hermann Bauer 1977

Schmid, G.: *Die Mystik der Weltreligionen.* Kreuz Verlag 1990

Schwäbisch, L./Siems, M.: *Selbstentfaltung durch Meditation.* Rowohlt Verlag 1987

Sharamon, S./Baginsky, B. J.: *Das Chakra-Handbuch.* Windpferd Verlagsgesellschaft 1989

Sherwood, K.: *Die Kunst des spirituellen Heilens.* Verlag Hermann Bauer 1985

Sherwood, K.: *Kraftzentren des Lebens.* Verlag Hermann Bauer 1986

Sölle, D.: *Und ist noch nicht erschienen, was wir sein werden.* Kreuz Verlag 1990

Strzempa-Depri, M.: *Die Physik der Erleuchtung.* Wilhelm Goldmann Verlag 1988

Herder Lexikon Symbole. Herder Verlag 1990

Székely, E. B.: *Das Friedensevangelium der Essener.* Verlag Bruno Martin 1977

Székely, E. B.: *Die unbekannten Schriften der Essener.* Verlag Bruno Martin 1978

Székely, E. B.: *Die verlorenen Schriftrollen der Essener.* Verlag Bruno Martin 1987

Székely, E. B.: *Das geheime Evangelium der Essener.* Verlag Bruno Martin 1984

Székely, E. B.: *Die Lehren der Essener.* Verlag Bruno Martin 1988

Steiner, R.: *Pfade der Seelenerlebnisse.* Rudolf Steiner Nachlaßverwaltung 1984

Tibetanisches Totenbuch. Walter-Verlag 1987

Tucci, G.: *Geheimnis des Mandala.* Econ Verlag 1989

Venetz, H. J.: *Das Vaterunser.* Edition Exodus 1989

Völkers, K.: *Das Gebet des Herrn: Quelle der Kraft.* Aurum Verlag 1988
White Eagle: *Die verborgene Weisheit des Johannes-Evangeliums.* Aquamarin
   Verlag 1990
White Eagle: *Wunder des Lichts.* Aquamarin Verlag 1990
White Eagle: *Der Weg zum höheren Selbst.* Aquamarin Verlag 1989
White Eagle: *Heilungspraxis.* Aquamarin Verlag 1989
White Eagle: *Heilungsbuch.* Aquamarin Verlag 1990
Wilber, K.: *Das holographische Weltbild.* Wilhelm Heyne Verlag 1990

Zu diesem Buch ist auch eine Tonkassette erschienen,
die Sie bei Ihrem Buchhändler
oder direkt vom Verlag Hermann Bauer, Freiburg,
beziehen können.